오선 위의 넋이어라 멀리 있는 연인에게

오선 위의 넋이어라 멀리 있는 연인에게

초판 1쇄 인쇄 | 2024년 10월 28일
지은이 | 이영자
펴낸이 | 이재욱(필명:이승훈)
펴낸곳 | 해드림출판사
주 소 | 서울 영등포구 경인로82길 3-4(문래동1가 39)
       센터플러스빌딩 1004호(07371)
전 화 | 02-2612-5552
팩 스 | 02-2688-5568
E-mail | jlee5059@hanmail.net

등록번호   제2013-000076
등록일자   2008년 9월 29일

ISBN   979-11-5634-598-5

내가 받은 사랑의 편지 II

오선 위의 넋이어라
멀리 있는 연인에게

이영자

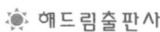
해드림출판사

책머리에

> 그대의 전쟁이 너무도 순수할 땐
> 천사가 그대의 뒤를 맡아 싸워 주리다
> -라이너마리아 릴케-

일제 강점기 강원도의 벽촌에서 산과 구름과 논두렁 풀 냄새 속에서 나는 자랐다. 여름에는 뽕나무 가지 위에 올라서 입술이 퍼렇도록 열매를 따먹고 가을이면 금빛 벼 이삭을 헤치고 온종일 메뚜기를 잡으며 미지의 하늘 아래의 꿈을 키웠다.

대관령만 넘으면 바다가 보인다는데….

바다를 지척에 둔 평창 산속 마을에서 냇물에 발 담그고 얼마나 큰 바다일까 꿈을 좇았다.

열 살이 되던 해 일본인 교사의 가르침으로 피아노 앞에… 그것도 커다란 학교 그랜드 피아노 앞에 앉아서 음악 공부를 시작하였다.

풍각쟁이 된다고 매일 야단맞던 시절이었다. 그리고 8·15를 맞고, 스승은 돌아가고, 6·25를 맞고….

그리고 밀물에 밀리듯이 남으로 남으로 밀려 부산까지 피난 가서 처음으로 바다를 보았다.

그때부터 벼 이삭 줍듯 음악의 밭고랑에 서서 내 삶에 오직 음악의 씨를 뿌리기 시작했다.

그 시절 어느 날 나는 역학 책을 펴신 부친 옆에서 내 앞날을 봐 달라고 졸랐다. 역마살이 많아서 멀리 시집가고, 또 멀리 보따리 싸들고 헤맨다고 했다. 가난했지만 마음은 넘치도록 풍성했던 그 시절 나는 흰 종이에 오선을 그어 가면서 작곡 공부를 하며 대학을 졸업했다. 그리고 어느 날 나는 비행기를 탔다.

일본, 홍콩, 방콕, 테헤란, 로마, 그리고 파리… 프로펠러 비행기를 타고 48시간 만에 하늘을 날아 파리에 첫발을 디디면서부터 나의 역마살의 인생 여정은 정말로 시작되었다.

그리고 또 어느 날 파리의 센 강가에 있는 미국 교회에서 나는 풋내기 외교관에게 시집을 갔다.

그리고 미국, 벨기에 아프리카, 인도네시아, 네덜란드 또다시 파리로 돌아왔을 댄 어언- 나는 반세기를 음악의 보따리를 들고 세 딸을 끼고 아내의 자리에 선 채 인생의 황혼의 길목에 서 있는 것이다.

그동안 많은 사랑하는 사람들에게서 짧고, 길고, 연하고, 진하고, 때로는 넋두리 같고 때로는 진주알 같은 글을 받았다. 어느 때부터인가 그 글이 내 삶의 기둥이 되고 소중한 보물이 된 것을 느끼는 것이다. 그 글들은 나를 언제나 윤나게 해 주었고 힘을 주었고 용기와 희망과 삶의 보람을 준 것이다. 회의를 느낄 때 좌절에 빠질 때 끝없는 희망과 삶의 보람을 준 것이다. 끝없는 슬픔의 수렁에서 방황할 때 나는 다시 그 글을 찾아서 되읽곤 하였다.

그리고 어느 날 갑자기-
나는 아무 이유도 없이 그 사랑의 편지들을 모두에게 보여주고 싶어진 것이다. 내 삶에 그들의 글이 없었다면 아마도 오늘의 나는 없었을 것이다. 내 음악 속에 이렇듯 충만한 영혼을 쏟게 해 준 이 사랑의 글을 우리 모두에게 나누어 주고 싶은 것이다.

또한
그들은 계속 나의 천사가 되어 내 순수한 남은 삶의 싸움을 맡아 싸워줄 것이다.
지난해 가을부터 몇십 년 동안 끌고 다닌 먼지 소복한 내 서고에서 색깔이 바랜 편지를 찾았다.

가으내 겨우내 그리고 목련이 지고 개나리, 진달래 질 때까지 쉬지 않고 원고지에 옮기고 교정을 보았다.

이 책이 나오게 될 때까지 정성 쏟아 준 제자 조혜원에게 뜨거운 사랑과 감사를 주고 싶다.

아울러 애써주신 수문당의 박왕식 사장님께도 깊은 감사를 드린다.

1991년 5월에
이영자

2024 증보판 책머리에

1991년에…

많은 세월을 외국에서 살며 나눈 사랑의 글을 모아 이순(耳順) 기념이라고 제자들이 책을 내주었다. 이름하여 '오선 위의 넋이어라 그대의 자화상은'

그때부터 서른 해 넘게 세월 가고 나는 아흔 살 문지방을 넘었다. 지금 하늘 가까운 길목에서 증보판 내는 축복에 부끄럽고 고마움에 감동의 눈물 쏟는다.

하늘이 주신 천복 같은 삶의 끝자락에서 풍성하고 충만한 사랑에 고개 숙여 감사와 축복의 절을 올리고 싶다. 이제 남은 날을 이 목숨 다하여 나의 아쟁 음악 '그중에 제일은 사랑이라'의 Ⅱ악장, Ⅲ악장 쓰며 가고 싶다.

지난해 가으내 겨우내 오늘까지 먼지 쌓인 서고에서 찾아낸 옛이야기들을 또 하나의 사랑으로 엮어 준 제자 한혜리 교수와 아름다운 영혼의 장으로 출판해 주신 해드림 출판사의 이승훈 사장님께 고마운 인사를 드린다.

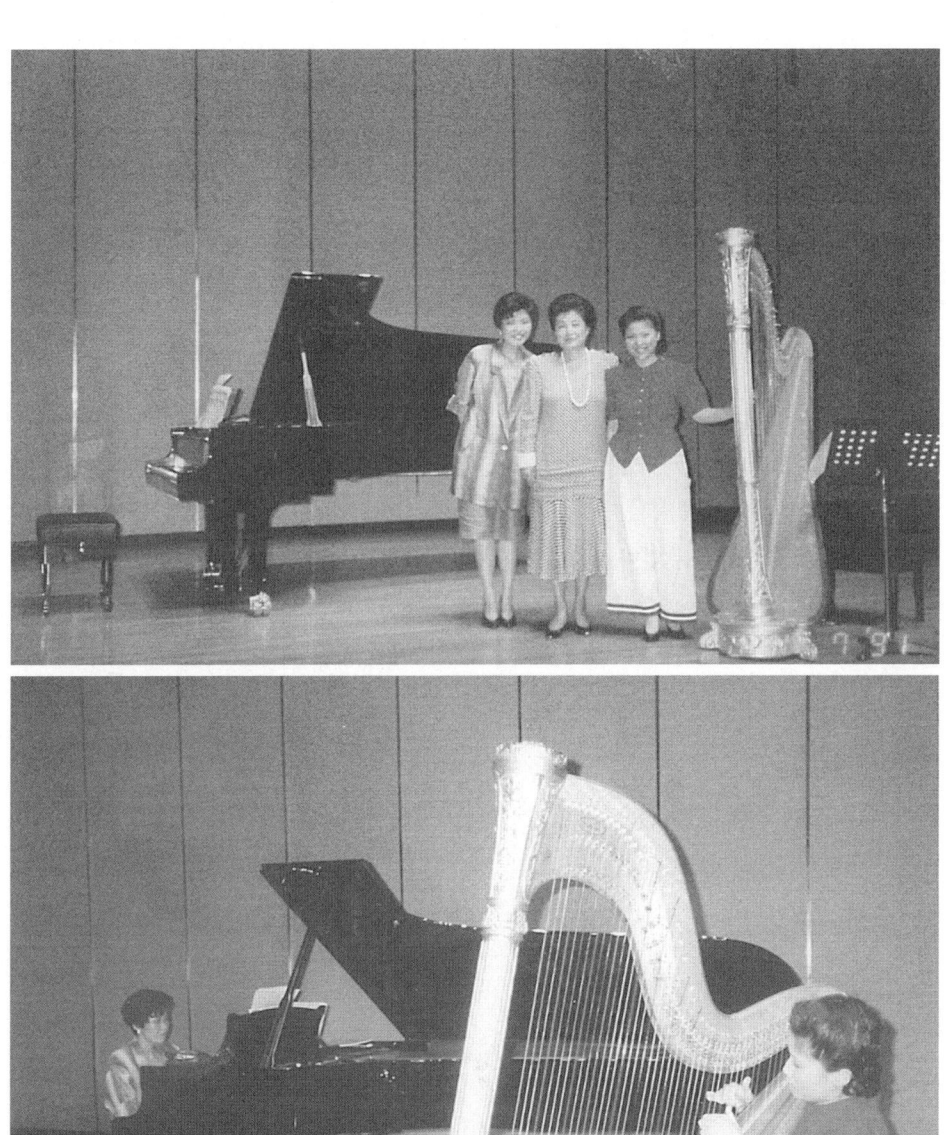

차례

책머리에　4
2024 증보판 책머리에　8
책을 맺으면서　334

Ⅰ. 잊을 수 없는 그리운 Wahid Borobudur_1983

'아름답다'라는 단어	효신 드림	20
뵙고 싶은 선생님께	홍사은 드림	22
선생님!	혜리 드림	24
사랑하고 또 하는 엄마	Jakarta에서 중 3의 막내딸 준영	26
선생님께! 안녕하세요?	채미경 올림	27
선생님	인천에서 김혜숙 올림	29
선생님	이미영 올림	30
선생님!	Love Hyunsook	32
나의 사랑하는 엄마께	서울에서 난이가	34
존경하옵는 이영자 선생님	서울에서 서경선 올림	37
선생님께	제자 김숙경 드림	39
보고 싶은 선생님께	효원 올림	41
선생님!	황현숙 올림	44
선생님	신혜 드림	46
대사 사모님 전	상희 모 올림	48

II. 다시 교단에 서는 행복_1984~1985

빨리 뵙고 싶은 선생님께	홍사은 올림	51
창살을 비집고	Love 현숙	53
뵙고 싶은 아빠 엄마께	Jakarta에서 11시 55분 은미 올림	54
사모님께 올립니다	신두병 처 올림	56
사모님 뵙고 싶습니다	남재 엄마 올림	58
존경하는 선생님께 올립니다	신선미 올림	60
보고 싶은 엄마께	뉴욕에서 엄마 딸 난이가	62
이영자 선생님께!	희정 올림	64
뵙고 싶은 엄마 아빠께	뉴욕에서 난이 올림	67
언제나 지워지지 않을…	문신혜 드림	69
선생님 편지 받은 지가	혜리 올림	70
아빠, 엄마께	Philadelphia에서 둘째딸 Grace 올림	72
선생님께	효원 올림	74
선생님께	조혜원 올림	76
이영자 선생님 귀하	이상인 올림	79
선생님!	Boulder에서 나효신 드림	80
뵙고 싶은 엄마 아빠께	Love Nany 올림	82

III. Keukenhof 꽃밭에서 꿈꾸다_1986

사랑하는 영자언니!	언니를 사랑하고 존경하는 찬과 경이	86
사랑하는 아빠 엄마께	Love 둘째 딸 grace 올림	87

선생님 보세요	효신 드림	88
선생님께	송미경 드림	90
선생님 안녕하세요?	대구에서 허미란 올림	92
선생님께	이미영 드림	94
예선 통과했다는 소식을	제자 최철 올림	95
이영자 선생님	황병기 올림	97
이 교수님	이찬해 드림	98
사모님 전상서	Mrs 박 올림	99
뵙고 싶은 이영자 선생님께	정현숙 올림	101
선생님 전상서	한양대학교 용정희 올림	103
매우 매우 뵙고 싶은 엄마께	Paris에서 막내딸 준영 올림	105
이 선생님!	강영희 드림	107
매우 사랑하는 나의 엄마	Foyer Musicale에서 막내딸 준 올림	109
선생님 보세요	효신 드림	112
선생님!	제자 선화 올림	114
어떻게 써야	고국에서 제자 철 올림	116
이 선생님	경선 올림	118
사랑하는 아빠 엄마께	Paris에서 막내딸 준영 올림	119
이영자 선생님께	홍나미 드림	121
선생님께	혜리 드림	122
언니에게	재상 모 올림	124
그동안 안녕하셨는지요?	권명자	126
선생님! 선생님!	조성희 올림	128
형님께 올립니다	재승 모 올림	130

큰고모	이재승 올림	132
예수님 탄생하신 날은	최철	134
뵙고 싶은 선생님께	제자 송선화 드림	138

IV. 다시 돌아온 Mirabeau 다리 건너는 축복_1987~1989

이영자 선생님	박은희	142
선생님께	효원 올림	143
선생님께!	혜리 올림	144
선생님께!	장경미 드림	146
이 선생님께	서울에서 이만방 올림	148
Dear 뻐꾹	김경오	149
영언니!	운경 올림	151
사랑하는 아빠 엄마께	막내딸 준영 올림	154
이영자 선생님	한양대학교 317 강의실에서 제자 차광철 올림	155
존경하옵는 이 선생님!	서울에서 경선 올림(with Love)	161
준영 어머님께	은숙, 선영 올림	162
친애하는 한 대사와 부인께	서울서 박민종 내외	163
선생님 별고 없으신지요	오레곤에서 진정숙 드림	164
안녕하세요?	함혜란이가요	166
며칠 전 졸업 연주를 했어요	철 올림	167
Mrs. 한께	오재경	170
한 대사님 사모님께	윤금순(남재 할머니)	171
선생님께	브뤼셀에서 혜리 올림	172

아빠 엄마께	Philadelphia에서 둘째딸 은미가	174
존경하는 사모님께 드립니다	청년 회장 김태황 드림	176
팔자에 없는	혜리 올림	177
선생님께	워싱턴에서 정현숙 올림	179
교수님께	München 남원옥 드림	180
영 언니께	운경 올림	181
선생님 보세요	효신 드림	183
선생님 보세요	효신 드림	185
이영자 선생님께	方惠子 올림	187
존경하옵는 선생님께	춘천에서 김경순 올림	188
사모님 전	지중해 튜니지에서 이달호 올림	190
사모님께	Mme 이시영 올림	193
이영자 선생님께	이정림 올림	195
Chère 엄마	Love 문제아 난이	196
이영자 선생님께	박일경 드림	197
이 선생님	파리 선생님 댁에서 선생님 사랑받고 가는 김숙희 올림	199
선생님께	혜리 올림	200
한 부인께	Mrs. 김 드림	202
영자 언니!	김순희 올림	204
사모님 전	튜니지에서 달호 올림	206
존경하올 스승	제자 연제련 수녀 드림	209
뵙고 싶은 이영자 선생님	강경식, 강희성, 함혜란이요	210
사모님께	方惠子 올림	211
존경하는 사모님 전	이달호 올림	213

Mme. 한께	Dijon에서 김옥순 올림	215
사모님께	김보나 올림	217
이영자 선생님께	Boston에서 서경옥 드림	218
사모님 전	Tunisie에서 이달호 올림	220
이영자 선생님께	조인선 올림	222

V. 방랑의 끝인가_1990~1991

이영자 선생님께	황병기 드림	225
이영자 선생님께	조인선 올림	227
이영자 선생님께	진정숙 드림	229
이 선생님	경선 올림	231
친애하는 이영자 선생님께	Mrs. 안용구 드림	232
주 불란서 대사 부인 이영자 여사님	임화공	233
선생님!	서울에서 손영애 올림	235
이 세상에서 가장 Unique하고 Speciale한 엄마	Neuilly에서 막내딸 준영 올림	237
이영자 선생님께	Atlanta에서 김희경 드림	238
매우 매우 보고 싶은 아빠 엄마	Paris에서 막내딸 올림	240
무지 무지 사랑하는 아빠 엄마께	엄마가 좋아하는 파리에서 막내딸 준영이가	242
Très Chère 영자 씨	김옥순	244
Dearest 아빠 엄마께	부엌 식탁에서 Grace 올림	246
매우 그리운 엄마께	Paris에서 준영 올림	247
나의 변주곡(Variation)은	샌프란시스코에서 효신 드림	249

무지 그리운 엄마	막내딸 준영	251
사랑하는 아빠 엄마께	Paris에서 막내딸 준영 올림	253
Très Chère Mme 한	Bourgogne 김옥순	254
몇 번이나 서신을	Paris에서 최철 올림	256
선생님 보세요	효신 드림	258
선생님 보세요	효신 드림	260
선생님 보세요	효신 드림	262
이영자 선생님께	봄이 오는 길목에서 조인선 올림	263
주님 부활하셨도다, Alleluia!	제자 연 테레사 수녀 드림	264
Très chère amie 영자	Dijon에서 김옥순	266
존경하는 이영자 선생님	제자 김미혜 올림	269
선생님께	대전에서 제자 홍사은 올림	273
영에게	홍천여고에서 란이라고 불러주던 벗 장애종	276
이영자 선생님께	스승의 날에 이정림 올림	280

VI. 세계를 돌아 제자리로_1992

Très Chère 영자 씨,	金玉純	283
李 先生님께	김보나 올림	285
이영자 선생님께	모스코바에서 이경화 드림	286
이 선생님께	자카르타에서 제자 은애 드림	291
이영자 교수님	임준희 드림	293
이영자 선생님께	홍나미 드림	295
선생님 안녕하세요?	Paris에서 박혜영 올림	297
선~생~님!	식목일에 제자 백수현이 올립니다	299

존경하는 준영이 어머님께	Paris 서선영 올림	301
이영자 선생님!	조인선 드림	303
이 교수님!	조경자 올림	305
이영자 선생님께	California에서 김희경 드림	306
이영자 교수님께	임지윤 드림	308
하서(賀書)	방명혜	309
Dear 언니!	이현수 올림	311
어머니께	최용선 올림	313
이영자 선생님께!	대담자 地山 드림	314
Dear 할머니	보연 올림	315
사랑하는 할머니	큰 손녀 딸 올림	316
사랑하는 할아버지, 할머니께♥	그린빌 오피스텔에서, 보연 올림	317
Dear 할머니	수연 올림	318
李英子 교수님	柳宗鎬 上	319
이영자 선생님께	전주 이혜자 올림	320

2024 Special Opening 작곡가의 방
2024. 3. 7(목) 17:00 예술가의 집 3층 다목적홀

언니, 놀라워요!!!!!	임운경 올림	326
세계적인 작곡가 이영자 은사님	제자 박준상 박사	328
세상은 중력의……	최철	329
이건용 교수님	94세 문지방 넘은 이영자	330
이영자 선생님	이건용	331
안녕하세요.	류경선 올림	332

Budha Statue at the Borobuder a monument from the 8th century in Central Java Indonesia

I
잊을 수 없는
그리운 Wahid Borobudur

_1983

'아름답다'는 단어를
_Feb 4, 1983

'아름답다'는 단어를 소리내기에 전혀 쑥스럽지 않은 아름다운 날이다.

오늘은 이곳에 와서 벌써 해가 바뀌고 말았다.

'외롭다', '그립다' 하는 흔한 단어조차 사용하고 싶지 않도록 이곳이 참으로 마음에 든다.

선생님 어떻게 지내시는지 매일 궁금하고 매일매일 선생님 생각해요. 날마다 많이 보고 싶은 선생님. 분석 musicianship, score reading, figured harmony… 이런 것 모두 처음에는 당황하고 못하고 쩔쩔맸는데 요즘은 좀 나아요. 차라리 아예 못하는 것도 아니고 하면 할 수 있기 때문에 힘든 것 같아요. 어려움이 있어서 그 어려움을 도저히 이겨낼 수 없으면 포기하되, 노력해서 극복할 수 있으니까 점점 어려워지는 것처럼.

제 아버지는 매일 걱정하시느라 하루도 편치 않으신 것 같아서 제 마음이 참 안됐어요. 고생스럽지 않도록 도와주실 테니 걱정하지 말라고 하시고 저는 저대로 이젠 더 이상 도움 없이 살 수 있을 것 같고… 알 수 없는 일이죠.

어쩌면 5월경에 이곳에 다녀가신다는 소식도 있고… 여기 애들은 정말 열심이에요. 온갖 괴상한 사람들이 많지만 그래도 교육 방법, 태도 등은 정말 놀라워요. 이들 틈에서 공부하게 된 것이 정말 감사해요.

선생님 다음 달에는 서울 가시나요?

봄이 오고 예의 그 목련이 교정에 흐트러지고…… 언제쯤이나 뵐 수 있을까요?

정말 너무 먼 곳에 혼자 있다는 생각이 듭니다. 선생님 너무 일 많이 하지 마시고 좀 쉬세요. 또 편지 드릴게요.

P.S: 지난달에는 5중주(for obe, cla, hrn, Harp, v. cello)를 썼고, 지금은 4중주곡을 씁니다. 제목은 'Spring has come again'이고 악기도 Trumpet, Trombone, Horn, Xylophon입니다.

효신 드림

23. 01. 1993

Édith WEBER

10-16 Rue Thibaud
75014 PARIS

TEL : 45.40.60.26

Chère Madame,

Je vous remercie beaucoup de vos nouvelles, et suis très heureuse d'apprendre que plusieurs de vos œuvres seront interprétés le Jeudi 4 Novembre. Malheureusement, assurant une chronique musicale hebdomadaire dans un journal il faut impérativement que je fasse la critique du <u>Requiem de Fauré</u> chanté par le Chœur de l'Oratoire

뵙고 싶은 선생님께
_1983. 2. 4.

짧은 동안이나마 선생님과 함께 지낸 생활들이 저한테는 참말로 값진 여행이었고 만족스러운 나날들이었는데, 선생님께서 다시 떠나시게 되어서 얼마나 쓸쓸했는지 공항에서 돌아오는 길에 괜스레 울적한 마음이었어요.

대사님과 함께 떠나셔서 즐거우셨고, 또 안녕히 도착하셨는지요? 선생님께서 떠나신 후에 저의 생활은 약간 변했어요. 선생님의 생활방식을 배우고자 부지런한 생활을 하고 있어요. 계획한 대로 잘 실행되지는 않지만, 아무튼 아침에 일찍 일어나서 영어 회화를 배우러 가고, 집에서도 부지런히 할 일을 찾아서 하고 있어요. 아비만 한 자식 없고 스승만 한 제자 없다는 옛말을 곧 실감하게 되더군요. 인제 와서 지난날을 후회해본들 아무 소용없겠지만 선생님께 저는 무척 속 썩이는 제자였으니까요.

지금 저에게는 논문 준비가 가장 시급한 것인데도 일이 아무것도 손에 안 잡혀요. 정말 머릿속이 복잡해서 죽을 지경이에요. 해결책도 모르면서요.

선생님 그곳에서의 모든 생활이 뜻대로 이루어지시고 즐거우시길 바라지만 저희는 선생님을 직접 뵙고 말씀드리고 배울 수 있는 새 학기가 되기를 바라요. 대사님께서도 저희를 도와주시기를 바랍니다.

"바다 보이는 언덕에 해바라기 심고, 밤이면 아흔아홉 칸 방마다 마음마다 가득한 기다림을 위해 촛불을 켜는……"

그런 마음으로 선생님을 기다릴게요.

안녕히 계세요.

홍사은 드림

Best Wishes for
A Merry Christmas and
A Happy New Year

이 영자 선생님께.

선생님. 안녕하세요?
돌아오는 크리스마스에 선생님 가족들 모두 행복하시고
주님의 은총 가득하시고 새해에도 건강하시고
하시는 일 모두 잘 되기를 기원합니다.
멀리계실때는 한국에 만 오신다면 자주 찾아뵙고
많은 것을 배우고 싶었는데 막상 시간을 많이 못내서
아쉬군요. 연 말에는 서신으로만 인사드리고 새해엔
선생님을 오랫동안 뵙고싶은데 과연
시간이 있으실지요?..

성탄과 새해를 맞이하여
지난해 보살펴 주신 恩惠에 感謝를 드립니다.
健康과 幸運이 늘 함께 하시기를…

대사님 하시는일 잘되시고, 난이는 새부모님과
남편한테 많은 사랑받고, 은이는 좋은 신랑감
만나는 해가 되기를 바라고, 준영이의 학교생활은
더한층 안차게 되기를 바랍니다.

홍 사은 드림.

1. 잊을 수 없는 그리운 Wahid Borobudur

선생님!
_le 26. Apri '83

참으로 오랜만에 긴 편지 드리는 것 같아요. 어제 아침 선생님 편지 반갑게 받았어요. 그런데 Ⅱ만 오고 Ⅰ편이 아직껏 오지 않네요. 저는 밖에 떨어진 줄 알고 대문 열고 거리를 한참 찾아봤었거든요. 혹시 날아갔나 하구요. 이따 오후에나 오려는지 모르겠어요. 지금 대위법 수업 갔다 막 들어온 길이에요.

요새 Imitation 하고 있어요. 화성학 시험은 6월 말이고요. Variation을 3개나 쓰는 시험이 있어 좀 골치가 아프지요. Quinet 선생님은 Orchestration 시험까지 보라고 야단이시고 내년에 보겠다니까 올해 봐도 충분하니까 꼭 보라고 하세요. 골치가 아파요. 시험 생각을 하면.

올 Elizabeth Concours엔 일본에서 43명, 미국 Juliard에서 몇십 명…이 참가했대요. 올해가 piano 부문인데 우리나라에선 누가 참석을 하는지 만일 참석한다면 좋은 성적이었으면 좋겠어요.

지금 불어학원엘 다녀왔지요. 오늘이 제 생일인데 혼자 저녁에 있으려니 괜히 슬퍼져서 생전 가지도 않던 불어학원엘 갔었어요. 달리 갈 곳이 있어야지요. 선생님께서 기억해 주시는 것만도 감사드려요. 보통 날과 전혀 다름없는 날인데 괜히 서글프고 집 생각이 많이 나고 그러네요. 아마도 혼자 있어서 그런 모양이지요. 밖에는 비가 주룩주룩 내리고 처량 맞은 요소를 다 갖추고 있지요.

난이는 어느 학교로 가려고 하는지요.

어딜 가든 나이가 어리니 걱정이 없지요. 제가 난이 나이라면 세월 가는 것에 상관없이 천천히 많이 공부할 텐데 너무 많이 늦었어요. 거꾸로 나이를 먹는다면 좋겠어요. 한숨이 절로 나네요. 벌써 12시가 다 되어가요. 하루가 빠르다는 것이 새삼 느껴지고…

또 쓸게요. 선생님 편지 I편은 아직 미도착이에요.

혜리 드림

사랑하고 또 하는 엄마
_1983. 5. 15.

　이곳은 아빠를 비롯해서 모두 잘 있어요. 며칠 전에 외할머니 편지와 지연이 편지를 받았어요. 그저께는 우리 집에서 부인회를 했지요. 시끌시끌했어요. 뭐 노래도 부르고 스피커에 대고 말도 많이 하고…
　그리고 어제는 은미 언니 생일 party를 잘했어요. 대사관 아줌마들이 오셔서, 다 해 주셨어요. 풍선도 달고 음식도 많이 해주시고 꽃도 예쁘게 꽂아 주시고… 그러나 모두 엄마 계실 때보다 덜 먹더군요. 역시 엄마는 최고예요. 언니는 선물도 많이 받았어요. Belgium에서 혜리 언니가 카드도 보내 주셨지요.
　이곳은 요즘 유난히 더 더워요. 어떤 땐 비가 올 것처럼 날씨가 흐려지고, 비는 안 오고 재미없어요. 더구나 공부할 게 많으면 하루가 늦게 가고 좀 쉬려고 하면 쏜살같이 시간이 가버려요.
　엄마 서울 가신 후 우리도 Gajah Madah와 President hotel에 한 번도 안 갔어요. 언니가 대학 입시 시험으로 너무 바빠요.
　엄마 우리 걱정은 마세요. 이 말 만한 딸에게 다 맡기세요.
　그럼 건강하시고, 오실 때까지 피아노 많이 치고 있을게요.

Jakarta에서 중 3의 막내딸 준영

선생님께! 안녕하세요?
_1983. 7. 18.

더운 날씨에 몸 건강하신지 무척 궁금해요. '더운'이라기보다 '뜨거운'이라고 해야 할지······

여기 서울은 장마철이라고 하나, 비 없는 장마철 속에 있습니다. 정말 기상변화가 심해서 말세라는 기분이 느껴집니다. (비단 그것뿐 아니지만)

선생님! 어제 선생님 꿈을 꾸었거든요. 언제나 꿈에 나타나셔서 저를 야단치시는데 어제는 안 그랬어요. 웬일인지 모르겠어요(헤헤). 1주일 전에는 졸업연주회 program 때문에 무척 당황했지요. 갑자기 졸업 연주곡목을 내라는 거예요. 저는 Piano trio를 할 것이지만 lesson을 제대로 하지 못한 1악장은 빼고 2·3악장만 할 것인지 생각하다가 2·3악장을 하기로 했어요. 다른 아이들도 거의 두 악장을 하려고 하지요. 그리고 piano trio가 거의 다지요.

사람들은 피서 계획을 어떻게 짜고 있는지 모르지만 저는 25日부터 28日까지 교회 성가대 수련회에 가려고 해요. 교만하고 부족한 저를 이 기회에 하나님께서 변화시키실 줄 믿고 가는 거지요. 장소는 동해안 망상해수욕장이에요. 이름이 조금 이상하지요? '망상'이라니? 혹시 망상만 하다 오지 않을까요???

선생님! 물론 에어컨으로 시원하시겠지만 여기 서울의 장마철의 시원함을 보내드리고 싶어요(오늘 새벽에는 소리도 시원하게 비가 잠깐 내렸어요). 쉬는 시간이 별로 없으시겠지만, 그래도 틈을 내서 그림도 그리시고 작곡도 하시는 걸 보고 저는 많은 것을 느꼈지요. 창악회 연주 때에 선생님께서 인생에 대해 그리고 작곡에 대해 말씀하셨죠? 저희는 그때 눈시울을 적셨답니다. 그리고 저는 제가 만약 선생님의 연세쯤 되었을 때 그렇게 모든 사람 앞에서 그런 이야기를 할 수 있을 정도가 될 수 있을까? 생각했어요. 항상 아니 요사이 인생이 슬프다는 말씀을 많이 하셨는데 아직 제가 그것을 실감하기는 어린가 봐요. 모든 것이 신기하게만 느껴지거든요.

이번 학기에는 선생님께 작곡도 배웠지만 역시 흘려버리는 말씀 속에서 어떤 의미를 찾으려고 노력해보았어요. 눈동냥 귀동냥을 많이 해야 한다는 대학 시절이 얼마 안 남았고 또 선생님께 많이 못 배웠음을 안타까워하고 있지요.

선생님 주님 안에서 항상 기쁜 생활 하시고 건강하세요.

채미경 올림

선생님
_1983. 7. 22.

그동안 안녕하세요?

떠나시기 전에 진정숙 언니랑 뵈러 가려고 했는데 선생님이 너무 바쁘셔서 못 뵈었어요.

선생님 죄송하지만 제가 부탁드린 인도네시아 음악 Tape 좀 꼭 난이 편에 보내 주세요. 언제쯤 난이가 오는지 알려주시면 제가 난이한테 연락하겠어요.

편지가 부탁뿐이어서 죄송합니다.

하지만 저는 선생님을 제게 제일 처음 작곡이라는 걸 가르쳐 주신 분으로 기억하고 좋아해요. 정말이에요.

저는 고3 가르치고 지내고 있어요.

그럼 몸 건강히 안녕히 계세요.

속히 답장 주세요.

인천에서 김혜숙 올림

선생님
_Aug 17th 83

선생님, 마음 편히 도착하셨지요. 저는 선생님께서 떠나시는 날 사은이 언니와 걱정하면서 곧장 편지 띄워 기분을 풀어드리기로 했는데 죄송해요. 그리고 감사합니다. 잊어버리고 신나게 놀다가 All A—4.0인 성적으로 졸업하거든요. 막상 지나고 나니 비록 제 잘못의 결과이지만 제 나름대로 그 선생님께 가졌던 약간의 증오심과 멸시(?)의 감정이 쉽게 생각하다 큰 코 다친 경험으로 받아지려고 해요.

서울은요 32~33℃가 보통이었던 날이 보름 정도(8월 1일경부터) 됐을 거예요. 그때 다행히도 저는 날을 잘 잡아서 효원, 소원, 현주와 넷이서 제주도에 있었거든요. 교정 볼 것을 가져가긴 했는데 눈뜨면 밥해 먹고 바다로 가서 수영하고 들어오면 샤워하고 곯아떨어져 차분히 얘기 나눌 시간도 없이 열심히 놀았어요. 그쪽도 한참 피크인 주라 쭈쭈바를 물고 다녀야 했어요.

출판사에서 전화가 7월 말 25일 이후였을 텐데 지난 일요일에 마쳤으니까 또 지각인 셈이지요. 늦긴 했지만, 집중했으니까 만약 또 오자가 난다면 출판사 70%, 제 실수 30%로 여기시면 될 것 같아요. Fugue에 나오는 용어나 짧은 어휘들이 귀에 익숙해지니까 괜히 유식해진 것 같아서(일자무식이—선생님 말씀대로면) 뿌듯한 거 아세요. 선생님!

그럼 선생님 휴식도 취하시면서 바쁘신 일들에 열중하시고 안녕히 계세요.

이미영 올림

선생님!
_1983년 8월 31일~9월 1일

쓰르라미 소리가 귀를 때리는 C관 그것도 5층.
여름을 발악하는 최후의 외침들인지….
지금은 밤이 다 해 가는 시간.
무엇을 하고 계신지요?
난이를 통해서 '식당 개업(?)' 하셨다는 얘길 얼핏 들었습니다만,

선생님!
전 잘 지내고 있습니다.
그리고 교육대학원을 가야할 것 같아요.
자꾸 옆에서 공부 계속 하라고 하고, 또 제 마음도 그런데 이번 대학원은 평균 2.8 이상이라야 된대요. 이번 신입생부터요. 그래서 그건 성적이 안 돼 못 가고(차라리 맘이 편한 것 있죠. 선생님), 슬프기도 하지만요.
그런데 교육대학원도 서류 전형이어서 성적이 안 좋아서 걱정이랍니다. 하지만 교육대학원이라도(예전엔 생각하지 못했던 교육대학원이지만요) 가고 싶어요.
제가 공부를 계속할 수 있다는 곳이 있다고 생각하니 괜히 기쁘고 희망이 생기는 것 같고 그래요. 자세히는 아직 모르지만 '음악교육과'라는데, 너무 실기에 치중되는 본 대학원보다 제겐 더 나을 것

같다는 생각도 드는군요.

　아무튼, 선생님, 졸업 연주도 Piano Trio(Violin+Cello) 2, 3악장을 연주하기로 하고 서울대 졸업하고 대학원 간 학생(Piano), 그리고 KBS교향악단에 들어가려고 기다리는 학생 등으로 연주자들을 구했어요. 애들도 거의 다 구해졌어요(나미, 정림, 미경).

　4학년 2학기라고 저마다들 '약혼'이니 '결혼'이니 들떠 있고 '가미'는 아직도 만원이고, 애들은 맹랑하고 발랄하고…….

　'산천은 의구한데 인걸은 간데없네'

Love Hyunsook

선생님!
생신을 진심으로 축하 드립니다. 더욱 건강 하시고 하루 하루 기쁨이 넘치시는 생활 이루시기를 기원 합니다.
지난번 보내주신 책은 잘 받아 보았어요. 한 동안 추억에 잠겨 있었지요. 선생님께서 베푸신 사랑을 받은이들이 얼마나 되었나 하고 세어보다가 크기 했지요. 특히 군영이게 편지가 걸작 이었던것 같아요. 너무나 솔직하고 밝게 잘 자란것 같아요. 세딸 들과 끊임없는 대화를 나누시며 잘 키우신것을 보고 저도 두아이 엄마로써 많은것을 느꼈지요. 집에서 에듀 돕기만도 벅찬데 작품 활동 하시며 사부님 내조, 게다가 많은이들도 끊임없이 사랑하신 선생님의 마음에 다시 한번 감탄 했습니다.
선생님!
존경 합니다, 그리고 뵙고 싶습니다. 저는 내년에 고국에 돌아가기로 결정 했어요. 가서 꼭 뵙고 이야기 나누고 싶어요.
책에 sign 까지 하셔서 보내 주셨던것 정말 감사 합니다.
　　건강 하세요.　　　　　미국에서 동선 드림.

A special day like this one
Is made happier by the thought
Of you and all the special joys
That you have always brought,
And so this wishes happiness
And brings this message, too…
The world's a brighter, lovelier place
Because of those like you.
Happy Birthday

나의 사랑하는 엄마께
_1983. 9. 25.

　그곳은 여전히 덥겠지요. 하지만 이곳 서울보다는 몇십 배 날 거예요. 이곳은 Air Con도 없지요. 습기는 많아요. 저는 종일 샤워하느라 시간 다 가는 것 같은 기분이에요. 아마 땀을 뻘뻘 얼굴부터 쏟는 애도 없을 거고요.

　어제는 저의 '졸업연주회'였어요. 일주일 동안 어찌나 긴장했던지 화요일에는 감기몸살로 아예 뻗었었어요. 엄마께서 소위 각오하시는 그 '한난이의 식겁' 때문에 목소리가 확 쉬고, 어지럽고 하여튼 '죽기 아니면 살기다' 하고 아픈 몸 이끌고 연습했죠. 엄마 없는 자식이라고 모두 신경 써 주시더군요.

　외숙모 세 분, 이모, 고모 두 분, 할머니, 재상, Renée 거기다 미영, 효원, 사은이 언니까지 와 주었어요. 한마디로 저의 집 식구가 제일 많았던 거 있죠. 제가 치고 나오니까, 다 우르르 따라 나오시더군요. 덕택에 제 다음번에 연주한 애 2명은 청중이 별로 없었대요. 연주회 시작하기 전에는 학장 선생님께서 직접 오셔서 "난이야 널 보러 왔어. 언제나 침착하니까 잘해" 하시더군요. Vraiment!

　본론으로 들어가서 연주 내용이 궁금하시죠. 막히지 않고 그냥 쳤죠. 베토벤의 32번 소나타 전 악장을, 무대 뒤에서 그렇게 떨었는데 무대에 딱 올라가니까 그렇게 Relax라기보다 당당해질 수가 없더군요. 저도 이제 많이 자랐어요. 조교 언니들도 다 "잘 쳤다."라고 하고 외숙모, 이모, 고모, 할머니께서 감격하시더군요. 그런데 좀 창피했어요. 막 칭찬해 주시니까 박은희 외숙모께서 너무 잘 쳐서 외숙모께서 피아노를 그만두시겠대요. 그 과장된 말씀에 50% 깎는다고 하더라도 어제 연주는 Assez bien였던 것 같아요.

김성복 선생님께서도 밤에 전화하셔서 침착하게 잘 쳤다고 하셨어요. 그래서 "다 선생님 덕분이라 감사합니다."라고 했지요. 사실 큰 외숙모께 감사해야겠어요.

아침 9시 반에 외숙모랑 남산 미장원에 가서 머리 손질하고 Hyatt에서 점심 먹고 외숙모랑 학교에 같이 가서 제가 무대 연습 하는 것 같이 지켜보셨어요. 연주회 후에는 이모, 외숙모들 할머니, 재상, Renée랑 동보성에 가서 또 먹었죠. 해삼탕, 죽순 다 내가 좋아하는 거였어요.

그리고 막내 외숙모가 10만 원 이모가 5만 원 주셨어요. 그래서 그동안 사고 싶었던 것 살까 해요. 이로써 저금통도 약간 save도 되고. 막내 외숙모께서는 Yale대학에 apply 해보라 시더군요. 글쎄… 제가 성격상 이번 Beethoven의 32번 소나타를 잘 선택한 것 같아요. 저랑 Mozart하고는 글쎄, 관계가 좀 먼 것 같거든요. Rachmaninoff도 좋아해요.

9월 29일 막내 외숙모께서 서울미술관에서 현대음악 연주한대요. 제가 넘순이 하러 갈 거예요. Star가 되는 거죠.

엄마 이 편지는 제가 연주가 끝나고 제 기분(웃기지만)을 어떻게 표현할 사람도 없고 해서 급하게 엄마께 적어 보내는 것이에요. 마음 같아서는 막말로 얘기하고 싶지만 그럴 수도 없고 급한 성미로 쓰는 글이니까 이해해 주세요.

솔직히 어젯밤에 엄마가 서울에 계셨으면 「못이저」는 틀림없이 갔을 텐데…….

그럼 몸 건강히 안녕히 계세요.

아빠랑 은미, 준에게도 안부 전해주세요.

서울에서 난이가

※ 예수 그리스도의 은총과 축복이 선생님 가정에…

아름답던 단풍잎이 다 떨어지고
앙상한 가지가 추위에 떨고 있습니다.
슬픈것처럼 보입니다. 하지만
고통스러울수는 있어도 결코 슬픈것은 아닐거예요.
희망이 있으니까요.
추위를 견디고 내년에 새싹을 만들고 가을에 다시
단풍을 만들수 있으니까요.
나무를 보며 人生을 생각합니다.
선생님처럼 열심히 노력하는 나무는 더욱 탐스럽고
아름다운 열매와 단풍을 만들고 모든이에게 기쁨을
주는거겠죠. 하지만 나무는 혼자 자랄수 없듯이
태양과 비와 흙… 우리 人間도 마찬가지로
나의 노력만으로는 안돼요. 나무처럼
生命을 주시는 하느님의 사랑의 뒷받침 없이는…
경건의 율사과 나무는 어김없이 같은 열매와 잎을
만들지만 사실은 작년의것이 아닌 전혀 다른
새로운 열매와 잎임을 우리는 생각치 않고 살게돼요.
선생님의 "나비의 연가" 꼭 듣고싶었는데
음악회 후에 연락드렸더니 안계시더군요.
일본에 가셨다구요. 난희에게 소식들었습니다.
시간내서 전화드리고 찾아뵙겠습니다.
겨울이 갑작스레 닥아왔습니다.
감기 조심 하시구요. 가내 두루 평안 하시기를
주님께 기도 드립니다.   케자 연수녀. 1993.11.28.

존경하옵는 이영자 선생님
_Sep 27, 1983

　오랜만에 소식 전하게 되었습니다. 혹시나 하고 기대했었는데 역시 선생님께서 안 계시게 되어 허전함을 금할 수가 없습니다. 우선 여성작곡가회는 그동안 회원 명단을 배부하고 여름 동안에 각 신문사에 새로운 임원 명단이 전해져서 보도되었습니다. 83년도 연주회의 작품 제출 결과는 준회원 5명, 정회원 1명, 정도이고 장소도 문제이고, 금년도 연주회는 도무지 가능하지 않다는 결론이어서(지난주 임원회를 했어요) 내년 3월에 준회원만으로 9월에 정회원 작품만으로 발표회를 갖기로 하고 다시 작품 모집을 공고하기로 하였습니다. 불가피한 사정인 것 같습니다. 그리고 허방자 선생이 미국에 1년간 공부하러 지난 8월에 떠났습니다. 저는 8월 27일에 남편과 아들을 미국에 떠나보냈고요.

　22日에는 저희 연구소 기념식 및 Symposium 치르느라고 몹시 바빴습니다. 선생님이 계셔서 봐 주셨더라면 감격이었을 것으로 생각됩니다. 이젠 논문 마치는 일이 눈앞에 남아있습니다. Allen Fiorte의 'Tonal structure of atonal music'의 이론을 소개하는 논문이 될 것입니다.

　지난여름에는 작품과 논문 준비로 무더위도 모르고 지냈습니다. 그런데 피곤했던 탓인지 감기가 들어서 한 달 이상 고생하고 있습니다.

선생님 아직 음협에 등록하고 준비를 마치지 못했어요. 그런데 곧 준비가 완료될 것으로 예정되었으니까 등록 신청을 내겠대요. 별도로 저희 연구소 기념식 프로그램 보내겠습니다. 선생님 부디 건강하시고 저희를 많이 생각해 주세요.

또 소식 전하겠습니다.

서울에서 서경선 올림

2. MY AN cajuputs - DONG THAP.
Vườn tràm Mỹ An - Đồng Tháp.
Photo : MINH LOC

Chers amis,

Je vous adresse tous mes meilleurs souhaits pour la nouvelle année 1993 depuis Hanoi où je suis en vacances chez Veronica et sa famille. Le Vietnam est un peu comme la Corée de 1965 car la guerre a ravagé et le peuple est très philosophe. Tout est à faire et refaire. La nature est très belle et Hanoi, une capitale très anachronique et très intéressante avec ses nombreux parcs. Mais que nous sommes heureux dans nos pays où règne une certaine abondance. Que devenez-vous ? Je sais que vous, Yong Ja, êtes toujours très occupée et notre Ambassadeur, aura-t-il enfin sa promotion. N'est-ce pas merveilleux d'être grand-parents ? Bonne Année encore

Renée Lin

선생님께
_1983. 11. 5.

안녕하셨어요? 건강하신지요?

학교 축제도 이제는 다 끝나고 정상 수업을 하고 있어요.

선생님! 학교 campus에 나무들이 모두 울긋불긋해졌어요. 요즘은 사진 찍기에 여념이 없고 곳곳에 낙엽들이 수북이 쌓였어요. 저도 며칠 전에 친구들과 예쁜 장소를 찾아다니며 사진을 몇 장 찍었어요. 이번 주에는 가을비가 두 차례나 내렸고, 온도도 많이 떨어졌어요. 또 가을 학기 작곡발표회와 추계 정기연주회가 이번 주에 모두 끝났어요.

선생님 어제는 (금) chapel을 보았는데 저도 그렇고 다른 친구들도 많은 것을 느꼈어요.

정신지체인 겸 신체 부자유 어린이들이 나와서 연주도 하고 Godspell song도 부르고 율동도 했는데 정상적인 아이들이 아니어서 많이 틀리고, 엉망이었지만 그런 중에도 그들 세계에서 낙심하지 아니하고 하려고 노력하고 배우려고 하는 의지와 노력을 보았을 때 세상의 모든 조건이 나쁘다 해도 '건강하다'라고 하는 그 한 가지만으로도 하나님께 감사드려야 한다고 생각했어요. 이제 점점 겨울도 오고 저도 무엇인가 결실할 것을 거둬들여야 할 텐데 3학년의 생활이 정말 보람된 해가 되었으면 좋겠어요.

선생님 요즘 바쁘시지요? 종종 이곳 생각해 주시고 저도 생각해

주세요. 요즘 선생님들께서는 이제 등록일만 지나면 우리는 4학년이니 열심히 하라고 하시면서 세월이 빠르다고 하세요. 그래서 수업 진도도 빨리빨리 나가시고 숙제도 많이 내주세요. Invention도 썼고요. 음열기법은 진도가 많이 나갔는데 어려워요.

그리고 선생님! 음대 건물 옆에 짓는 그 건물이 이제는 거의 다 되어가요. 그런데 흙차 짐차들이 너무 많이 드나들어서 대단히 시끄럽고 특히 20C 현대음악 시간에 백병동 선생님께서 수업하실 때는 시끄러워요. 선생님께서 무척 싫어하세요. 땅도 다 파헤쳐서 음대 건물 위까지 자가용들이 올라갈 수 없게 되어 있어요. 신발들은 물론 흙투성이고요. 빨리 건물이 지어져야 할 텐데요.

그럼 선생님 또 연락드릴게요. 안녕히 계세요.

제자 김숙경 드림

PABLO PICASSO
Instrumentos de música sobre una mesa, 1925
Óleo sobre lienzo / 162 x 204,5 cm
© Sucesión Pablo Picasso, VEGAP, Barcelona, 2006

이영자 교수님
어제 렉쳐는 산 역사였습니다. 오래오래 건강하셔서 음악계의 등대가 되시기를 ---.
보잘것없는 저의 음악을 늘 집중해서 들어주시고 아낌없는 격려의 말씀 주실때마다 행복했습니다. 감사했습니다. 2013. 4. 30 강은미 올림
P.S 저는 5.8 ~ 5.18 까지 해외여행이 잡혀 있습니다.

Museo Nacional Centro de Arte Reina Sofía

보고 싶은 선생님께
_1983. 11. 5.

    정말 선생님 너무 보고 싶어요. 바쁘신가 봐요. 통 소식을 들을 수가 없어서 더 궁금하고 딴 애들도 선생님께 편지 받았다는 사람이 없고 난이조차 "딸인 저도 잘 몰라요. 통 연락이 없으세요" 하니까요. 바쁘시겠지요.

    선생님 어제 공간사랑에서 Pan Music Festival의 한 행사로 「한국 작곡가의 밤」을 했는데 미영, 난이랑, 채미경, 정림, 현숙, 현숙 신랑감 등 모두 갔었답니다.

    박은희 선생님이 piano를 하시고 강영희 선생님이 Flute 하셨어요. 선생님 곡 "Suite pour piano romantique"를 잘 들었습니다. 첫 순서로 했는데, 저는 2번째 것과 5번째 것이 좋았어요. 2번째 것은 정말 Romance 같았답니다.

    나중에 난이 미영이랑 셋이서 동숭동 문예회관 옆의 「난다랑」에 가서 tea 마시며 얘기했었는데, 선생님의 성격이 다 나타나 있는 曲이라고요. 화가 나셨을 때의 선생님, 기분 좋으실 때, 슬프실 때…… 등이 다 나타나 있는 거라고요. 박은희 선생님도 그러시더래요.

    공간사랑은 신발을 벗어서 들고 들어가서는 방석에 앉아 보는 거라 좀 생소하긴 했지만, 장소가 좁은 대신 군더더기 사람들은 그만큼 적으니까 小음악회 하기는 분위기가 아담한 것 같아요.

　오늘도 공간사랑에 갔었는데 composer's portrait라고 한 program이었어요. Philip Corner란 미국 사람의 portrait인데 자기가 직접 연주도 하고 그랬답니다. 전 이런 음악회는 처음 가 본 거라 좀 생소하긴 했지만 그래도 참 흥미로웠어요. 모두가 Simple한 phrase로 반복하고 끝맺는 건데 dynamic을 달리한다든지 한 음에 accent를 주어서 기분을 달리해요. 그리고 작곡가가 연주 時에 무슨 신들린 사람처럼 motion을 유별나게 하니까 무슨 전위 미술이나 현대 무용극 같은 걸 보는 느낌이었답니다. New Jersey대학 교수님이고 Messiaen의 제자래요. 그리고 1961년에 우리나라에 Messiaen의 Piano 곡을 처음으로 소개한 사람이래요. 백남준 가곡의 「A la manière de Philip Corner」란 곡은 옛날 축음기에 판을 틀어놓고 드문드문 piano로 Chord나 melody를 따라서 치다가 갑자기 판을 내동댕이쳐서 깨뜨려버리고 하는 등 좀 색달랐어요. 그냥 음악이라기보다는 어떤 종합적인 「행위예술」이라고 생각이 들었습니다.

　「one note once」란 曲은 피아노에 앉은 뒤 손을 크게 원을 그리며 천천히 들어 올렸다가 힘을 탁 풀면서 한 음을 땅! 치고 끝이에요.

　만약에 학교에서 저런 曲을 써내면 사보도 필요 없고 참 간편해서 좋겠다는 생각을 했었지요. 아마 F는 맡아 놓고 받을 거예요.

　웃기는 건 제일 끝에 강석희 선생님이 작곡자의 계획에 의해 쪽지를 나눠 주는데 이렇게 쓰여 있어요. 여기에 동봉합니다. 제가 선생님 보여드리려고 한 장 더 받았어요.

　"Please feel free to leave whenever you have heard enough.

The pianist will continue playing until everyone has gone away"

음악을 충분히 감상하셨다고 생각되시면 때는 언제든지 자유롭게 떠나십시오.

피아니스트는 모든 청중이 자리를 뜰 때까지 연주를 계속할 것입니다.

미영이랑 이 종이 받아 들고 막 웃다가 나왔답니다. 밤에 집에 오는데 날씨도 추워지고 비가 내려서 참 멋있었더랬어요.

사은 언니가 12月 대전서 결혼식을 하기 때문에 난이 미영이랑 셋이서 금요일 밤에 기차로 대전에 가서 유성온천서 자고 토요일에 결혼식 본 후에 올 계획이랍니다.

제가 결혼할 때는(언제인지 모르지만) 꼭 선생님께서 참석해 주시면 좋겠어요. '꼭'이요.

대전 가서 사진 찍어서 보여드릴게요.

결혼기념일에 romantic하게 지내세요.

Paris에서의 결혼식 사진처럼 늘 웃으시고 행복이 함께하시길 기도드릴게요.

효원 올림

선생님!
_1983

83년도 50일 남짓한 이때 옷깃을 잔뜩 여민 행인들의 발걸음에서 춥고 또 추운 올겨울이 다가옴을 느낍니다.

그동안 어떠신지요?

무사히(?) 졸업 연주도 마치고 29日 졸업곡 제출하고 12日도 가면 졸업시험 → 그리고 「The end!!」

오늘도 11月 9日(水) 공간사랑에서 '83pan music festival'이 열리고 Lee, Young Ja 'Suite pour piano Romantique, Histoire Melancolie, Le Moulin Caprice, Le pays du matin Calme'이 연주되었습니다.

선생님이 안 계신 이곳 서울에서 심심치 않게 거론되는 선생님의 얘기들(거론자는 저희—옛날의 추억을 더듬곤 하죠!) 메마른 가슴에 사랑을 담으면서요.

언제나 뵙게 될는지……

오늘 대학원(교육) 원서를 일단 구입했습니다. 두 명의 교수에게 진학의견서를 받아야 하는데 모든 것이 암담하군요.

선생님!

제가 키운 화초가 얼마나 예쁘게 잘 자라는데 선생님께 보여드리고 싶군요.

　8月 중순쯤 하루 날 잡아서 심은 Violet들이 뿌리를 내리고 새싹이 돋아났답니다. 생명력! 저의 크나큰 기쁨이랍니다.

　선생님 졸업연주회 때 찍은 사진 동봉합니다. 건강하시고

　참! 이사 갈 것 같으니까 편지는 제가 다음에 드릴게요(조금 뜨뜻하게 약간 넓은 곳으로요).

"Love"

황현숙 올림

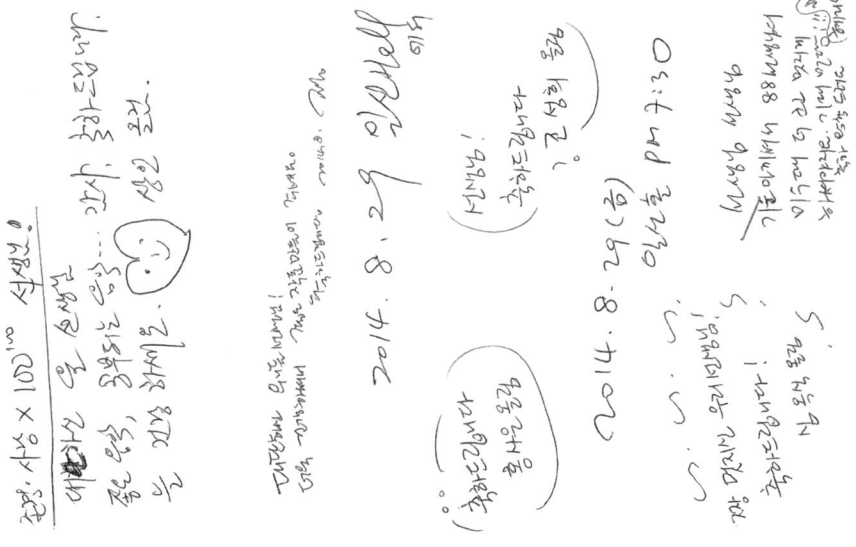

선생님
_1983. 12. 4.

눈이 왔어요. 아주 많이요.

발자국이 찍혀 나와요. 아주 조그만 발자국이요. 온통 하얀 세상이에요. 그렇지만 아주 깊은 바다만은 아직 파랄 거예요.

선생님! 너무너무 보고 싶어요.

항상 두려움과 죄송스러움으로 선생님 앞에 감히 고개 들 수 없는 신혜임을 누구보다도 잘 아실 선생님이죠.

그리움이란 단어는 너무나도 작아요. 내 마음 보다는요.

굳이 단어를 만들자면 선생님에 대한 신혜 마음밖엔 없을 것 같아요.

선생님의 멋진 초상화, 이쁜 음악, 커피, 아주 커다란 원피스 그리고 힘있게 꼬옥 다문 입술, 그리고 또 "돌았니?" 그리고 또 또 누운 무울……

이 모든 것을 사랑하는 제자 문신혜 드림

선생님 멋진 크리스마스 보내세요. 지난 학기 이후 선생님께 실망 드리지 않으려고 굉장히 노력했어요.

선생님 계셨으면 무척이나 기뻐하셨을 거예요.

건강, 소망, 아름다움…… 선생님의 소중한 모든 것을 위해 기도드리겠습니다.

신혜 드림

> Much too soon, I shall be back in Seoul, Korea in January 7-10, 1994 for the 13th anniversary of/and assembly of the Federation of Asia Cultural Promotion (2Ascp) at the lovely Lotte World Hotel. It invokes most pleasant, if not haunting, memories indeed.
>
> I am happy to share with you the good news about my next election as one of five living individual Honorary Trustees to the International Marine Council. I enclose IMC release showing me in very good company!

> Christmas 93
>
> Dear Madame Lee,
> Hearty greetings for a joyous Christmas & a Bright New Year!
>
> Congratulations and appreciation the magnificent 20th anniversary celebration of our ACL under your ever so efficient chairmanship!
>
> Thank you most profusely for all your concern and kind hospitality and thoughtful attention bestowed in memory of our Past historical blacktape! Enclosed story is [illegible]

대사 사모님 전
_1983년 12월 7일

대사님 내외분 안녕하시며 가내 두루 평안하신지요?

지난해 9월에 다녀와 이제야 소식 전함을 용서하십시오.

저희 가족도 별일 없이 잘 지내고 있습니다. 저는 그동안 틈틈이 모아 온 그림을 불란서문화원 초청으로 전시회 준비를 하였습니다. 저로서는 과분한 개인전이고 온 교민의 성원 속에 연일 많은 방문객을 맞이하며 지난 5일 Opening Day에 교민회 회장님, 대사님, 외국인 반, 한인회 반, 90명이 참석한 가운데 문화원 전 직원과 꽃 속에, 그림 속에, 한국의 가곡 속에 묻혀 문화원 정원에서 칵테일 파티를 성황리에 맞았습니다. 모든 인쇄물이 늦어져 잡지, 신문, 팸플릿을 지금 보내드리게 되어 죄송합니다.

항상 12월은 바쁘고 어디 먼 곳으로 여행을 떠나고 싶도록 설레는 달…….

가까운 시일 내에 뵈올 수 있기를 희망하면서 이만 줄입니다.

온 가족과 내외분 건강을 빌면서 바쁘신 가운데 알차게 즐거운 시간 맞이하시기 빕니다.

상희 모 올림

II
다시 교단에 서는 행복

_1984~1985

사랑하는 이영자 선생님
선생님의 음악에대한 사랑과 열정에 존경을 드립니다.
건강하게 오래오래 저희곁에 계셔주세요.
사랑해요 ♥ 원 현미 올림

선생님,
항상 어머니처럼 따뜻하게 보살펴주시고 좋은 작품을
쓰도록 이끌어 주심을 감사 드립니다.
건강하시고 행복하세요. 홍 사은.

선생님!
이리저리 왔다 갔다 하느라 자주 뵙지도 못하고...
죄송한 마음 한가득 입니다. 늘 건강하시고
매일매일 행복하십시오.   심 옥식 올림.

선생님, 언제나 아름답게, 저희에게 사랑 주시며
있어주심을 감사드리며 늘 건강하시길 바랍니다.
                                    이 경원

저희의 멘토가 되시는 선생님!
선생님이 계셔서 늘 든든하고 감사해요.
언제나 건강하세요   이 수경 드림

선생님!!!
창작에 바쁘시다... (unclear)
고대하던 앨범도 만드신 것에요
축하드리며 새앨범도 대박나길 기원합니다
앞으로도 많이 많이 들려주세요! (heart)
                 2009. 5. 15 박혜림 드림

항상 감사드리며 늘 존경해요
건강하게 행복하게 있어주세요!

2009. 5. 15

쌤!!!
사랑합니다.
오래오래, 한 500년 계시요.
                   저희 모두
감사 합니다.   상인 (unclear)

박정희, 조성희 비록 참석 못했지만 선생님의 은혜에 감사드립니다.

빨리 뵙고 싶은 선생님께
_1984. 1. 6.

선생님 그동안 안녕하세요?

저는 진짜 선생님 덕분으로 대학원 졸업장을 만져보게 되었고 목원대학에 연구조교로 나가게 되었어요. 처음에 출근하자마자 학교에서 공연하는 오페라 준비 때문에 두 달간을 밤 9시까지 학교에 있느라고 굉장히 피곤했어요. 그러던 중 9월 중순경 지금의 신랑과 말이 오고 갔고 10月 3日에 선을 보게 되었어요.

특히 저희 아버지께서 마음에 들어 하셔서 속전속결로 10월 30일에 약혼식 11월 12일에 결혼식을 올리게 되어서 너무나도 바빴어요(선생님 앞에서 바쁘다는 것은 가정부 앞에서 행주 흔드는 격이지만).

아침에 일찍 일어나서 밥을 짓고 같이 출근하러 나갔다가 저녁에 들어오면 너무 피곤해서 저녁에 외식할까 하다가도, 문득 선생님 생활을 떠올리곤 해요. 학교에서 열성적으로 강의하시고 돌아오시는 길 장 보러 다니시고도 집에 오시자마자 부엌으로 들어가시잖아요. 그래서 저도 밥을 열심히 해요.

어휴, 오랜만에 안 쓰던 글씨를 쓰려니까 팔이 굳어지고 아파요. 빨리 서울에서 선생님을 뵙고 말씀드리고 또 듣고 싶어요.

새해에도 선생님께서 원하시는 일을 무엇이든지 이루어졌으면 해요. 그리고 대사님과 은미, 준영, 난이 모두, 모두 건강하고요.

홍사은 올림

선생님께.

어버이 날 맞이하게 되어
선생님 생각이 났어요.
건강하시지요?
그동안 모두 안 좋았고. 일들이 많이
있었어요.
연락 못 드리지만. 늘 선생님 생각하며
용기도 얻고 자신감도 생기곤 합니다.
시간은 자꾸 흘러고
세상의 많은 사람들이 점점
그리워 집니다.

선생님.
늘 건강하시고 편안히 지내시길 바랍니다.

4-30-85

(엊그제 (어저께 그런것같아요). 이곳 한국 TV 방송사중에 (News)
대사님이 나오시는 장면을 봤어요. 은선이 아빠하고
선생님 이야기 나눴었어요.

창살을 비집고
_1984. 3. 1.

창살을 비집고 들어오는 따사로운 봄볕이 조금도 싫지 않은 요즈음 선생님! 보따리 싸시느라 여념이 없으시겠죠?

선생님 덕분에 입학하게 된 이화여자대학교 '작곡과'를 4년 동안 무사히 마치고 27日 졸업식을 하였습니다.

참으로 감사드리고 싶은 분 → you 졸업생 대표로 「한난이」가 호명되자 장내는 웃음바다로 변했지요. 요즈음 T.V Drama인 「간난이」로 사람들이 착각 잠시 난이를 모르는 학생들은…….

난이 이모님을 뵈었는데 너무 선생님과 유사하시더군요.

선생님 참 기쁘시죠?

어른들께선 자식 농사를 잘 지어야 한다고 말씀하시는데, 대사님, 은미, 준영이 모두 편안하시죠? 아이들 공부하는 곳이 자꾸 바뀌어서 조금은 혼란스럽겠네요.

영동 댁에서 온 식구들이 모이셔서 「복닥복닥」 재미있으시겠어요.

앞으로 Indonesia에서 남은 밤 멋지게 보내시고 서울에서 만나 뵈올 때까지 건강하셔요.

선생님 → "Thanks a lot"

Love 현숙

뵙고 싶은 아빠 엄마께
_1984. 5. 24. 11시 40분

그동안 몸 건강히 안녕하셨어요? 저는 몸 건강히 잘 있어요.
    지금 막 Third Rotary Charity에 다녀오는 길이에요. Mandarin Hotel에서 휴식 30분 끼고 3시간 동안 했지요. 여기에 Program 보내드려요.

    오늘 엄마께서 계셨다면 아주 좋았을 걸 그랬어요. 모두 자기가 작곡한 피아노곡은 자기 자신이 치는데 엄마 것은 인도네시아 여자가 했지요. 한국 사람들이 티켓을 40장 정도 샀대요.
    10시 30분에 끝났는데, 끝에 작곡가들에게 꽃다발을 주었어요. 엄마 순서에서 "Miss Grace Han She is the daughter of young Ja Lee……" 그러잖아요. 그래서 제가 얼른 일어나서 씩씩하게 나가서 계단을 올라가서 활짝 웃고 꽃을 받았지요.

    무대에서 내려오지 않고 그냥 서 있다가 Mrs. Kamal 하고 사진 찍고요. 오늘 갑자기 "Grace Han"이 엄마 덕분에 유명해졌어요. 한국 사람들은 저 보고 축하한다고 그러고요…… 그러니까 제가 꼭 발표회를 한 기분이었지요. 거기서 Belgium 아줌마 Murielle을 만났는데 엄마같이 douce(?) 하신 분이 이런 곡을 작곡하신 것에 대해서 아주 é tonné e했대요.

저는 엄마의 피아노곡 중에서 Romantique가 제일 좋아요. 오늘 아주 잘 지냈어요. 그럼 이만 줄이겠어요. 숙제를 마저 해야지요.

Jakarta에서 11시 55분 은미 올림

Sept 4, 85

사랑하는 아빠 & 엄마께,

그 동안 안녕하셨어요? 언니와 저는 미국 시간으로 금요일 9시 30분 (밤)에 JFK 공항에 내렸어요. 비행기도 연착을 하고 짐도 40분 정도 더 기다리다가 찾았어요. 송참사관 아저씨께서 마중 나오셨지요. 송참사관 아저씨댁에 도착하니까 새벽 12시 30분이 보내주세요. 9월 30일이 마감이니까 늦어도 25일 정도까지는 여기에 닿을수 있게요. Thank you very much.

친구들이 저 살 빠졌다고 그러데요. 아부인지는 모르지만 그래도 기분은 좋아요. 그럼 이만 줄이겠어요. 또 소식 전해드리겠어요.

Tel number : (215) 243-5088

U-Penn에서, Grace 올림

사모님께 올립니다
_1984. 5.

　오늘 저녁 Mandarin Hotel Grand Ballroom에서 있는 Third Rotary CLUB Charity를 Grace, 윤석, Grace 친구와 함께 갔다가 방금 돌아왔습니다. 사모님이 계셨으면 얼마나 좋을까 하고 몇 번이나 생각했으며 분위기도 좋고 여러 가지 잘 진행되어 얼마나 흐뭇했는지 모른답니다. 특히 사모님이 작곡하신 곡들은 들을 때마다 사모님을 연상하면서 너무나 위대하시다고, 몇 번이나 속으로 놀랐습니다. 비록 사모님은 계시지 않았습니다만, 사모님의 모든 혼이 Grand Ballroom에 가득 차 있는 것 같았습니다. 손 공보관께서 그러는데 한국 분께 표가 약 40매 팔렸다고 합니다. 많이들 오셨으며 모두 좋아하셨고, 특히 Grace가 이곳에 있었기 때문에 얼마나 다행이었는지 모른답니다. Rotary Club에서 주는 꽃다발도 대표해서 받았으며 마지막을 잘 장식했습니다. 아마 어저께 사모님 마음도 저희와 함께 Indonesia Mandarin Hotel에 계셨으리라 생각합니다.
　사모님께선 여전히 바쁘시겠지요. 공식적인 Party며 또 여러 가지 일들로 꽉 차 있으리라 생각합니다. 저도 그간 괜히 분주한 것 같았었는데 이제 좀 조용해진 기분이며 이번 주부터 책도 몇 자 뒤적거리게 되었고 마음이 가라앉는 기분입니다.
　대사관도 퍽 조용하다고 하며 차차 안정되어 가는 것 같습니다.

25日엔 저희 집에서 이대 동창회가 있습니다. 사모님 떠나신 이후 너무 오랫동안 만나지 못했다고 몇 번이나 건의가 있었습니다만 미루었다가 모레 하기로 하였습니다. 이번부터는 점심은 하지 말고 간단히 Tea party를 하라고 하여 별 준비 없이 마음 가볍게 가지고 있습니다.

   그럼 사모님 또 서신 올리겠습니다. 오늘은 간단히 음악회 갔다 온 보고 드리며 축하의 말씀 올립니다.

   차관보님, 난이, June 모두에게 각별한 저희의 안부 부탁드리며 항상 사모님 댁에 건강과 복이 깃드시기 바랍니다.

신두병 처 올림

그 동안 몇 차례 전화했지만 통화를 못 했는데 이렇게 기억해 주셔서 정말 감사합니다. 지금도 그날 돌아오는 길에 들렀던 그곳 아이스크림과 오등 불빛으로 현란했던 야경이 눈에 선하고 그보다 봄에 대하여 들려주셨던 말씀들이 저에겐 행복한 추억으로 기억됩니다. 이따금씩 꺼내 보며 음미하기도 하지요.

아무쪼록 건강하세요.
기쁘고 행복하게 사세요.
그래서 아름다운 곡 더 많이 들려주세요.
   안녕히 계세요.
     2005년 2월
        조경자 올림.

이 교수님!

뜻밖에 보내주신 책과 Program 잘 받았습니다.

가장 화려하게 터지는 불꽃처럼 그 찬란한 섬광을 가슴에 안고 황홀하고 또 애잔스런 그런 기분으로 며칠을 살았습니다.
또 아름다운 선율속에 흠뻑하고 정 겨웠을 그 날의 그 밤을 생각하며 이국에서 사는 서글픔을 맛보아야 했습니다.

참으로 대단하셨습니다.
또 생전에 기쁨의 극치를 누리시니
김남조 선생님은 참으로 행복하신 분입니다.

사모님 뵙고 싶습니다
_1984년

　가끔 꺼내 보는 사모님의 편지로 그리움을 달래면서 일상의 정도 보내지 못했나 봅니다. 초여름인 이곳은 너무도 조용하고 싱그럽습니다. 곧 장마가 오고 그곳과 같은 무더위가 온다니 벌써 겁이 나는 것은 워낙 더위에 지쳤던 기억 때문이겠지요. 아무튼, 계절의 변화에 풍경 음치였던 사람들도 늘 벅찬 새 음을 느낄 수 있는 이곳 날씨를 보내드리면서 우리 가족 소식을 열거할까요?
　남재는 며칠 전부터 수두를 앓고 있어 그러잖아도 꼼짝 못 하게 하는 아빠는 몇 번씩의 전화로 경과를 확인하고 있답니다. 그 녀석의 일본어 실력에는 저는 당하지도 못하고 자기 아빠와 나누는 대화에 저는 어디를 가나 쑥 같은 엄마 노릇만 한답니다. 큰놈들은 영어로, 이제는 꼬마까지 기를 죽이니 분발하는 中이지만 항상 꼴찌의 당황뿐인 부인의 자리가 제 위치이지요.
　아빠는 여전히 바쁘고 Speech 없이는 어디서나 밥도 안 준다고 투덜대고 집에 있는 시간만 기다립니다. 이곳에 와서 좀 달라졌다면 모양을 내고(?) 마누라를 통 주지 않는 것이랄까요.
　저는 가끔 model 있는 곳에 나가 스케치를 해 와서 집에서 작품을 만들고 있고 일본어는 겨우 입을 뗄 정도입니다. 올해까지만 배우고 내년부터는 영어를 시작하려고 합니다.

사모님의 말씀 명심하여 실천하려고 합니다. 언제나 건강하시고 보람된 나날이시기를 멀리서 빕니다.

대사님과 따님들께도 안부 드려 주십시오.

남재 엄마 올림

특히 성가를 부르게 될때 더욱 그렇군요
No.1 ☩. 하늘은 주님영광 나타내고...
너무 오랫동안 찾아 헤맸었읍니다. 작년부터
Paris에 계시다는 소식듣고 대사관을 통해
알게된 주소로 편지를 드렸는데도 소식이 없고...
전화는 수십번 해도 통화가 되지를 않고...
「엄마찾아 삼만리」의 만화 주인공처럼 말이예요.
헤맴... 이건 오해를 할 차례가 된 셈이지요
이 세상 모든것이나 나의 마음이 수없이 변해도
영원히 변치 않을분은 오직 하느님 뿐이시다!
그러기에 하느님께만 희망을 두고 나의 전 생애를
마치며 살아 있을것이 아닌가?!.
그래도 못내 아쉬워하며 "회상" 그 속에서
현실보다도 더 아름답이 시(詩)꽃 넘치는 선생님
모습을 회고할 즈음에 —... 책상앞에, 놓인
낯익은 글씨의 편지를 보는 순간 저의 감정에
대해선 표현하지 않아도 짐작 하시겠지요?
단숨에, 멋진 그림카드뒤에 써 주신 편지를

존경하는 선생님께 올립니다
_1984

　기다리는 가을비가 어제 온종일 부슬부슬 내리더니만 오늘 아침은 제법 많이 날씨가 쌀쌀해졌어요.
　선생님 고려 말 우탁의 시조에 보면 "한 손에 볼펜 잡고 또 한 손에 시계 쥐고" 며칠 남지 않은 학력고사에 초조함과 조바심 속에서 열심히 책장을 넘기고 있답니다. 아무래도 작곡에는 좀 소홀해졌어요. 그렇게 하지 않으려고 아침에 일어나면 계획을 열심히 짜는데 잠자리에 들려 하면 오늘 하루도 계획대로 이루지 못한 반성뿐이에요.
　선생님! 저는 선생님께로 lesson을 옮긴 뒤로 나도 모르는 새로운 용기와 희망에 부풀었답니다. 아직 저의 꿈을 말할 수 없지만 앞으로 제가 음악인으로서의 참된 길을 걸어가리라 다짐하며 대학에 들어가면 남들보다 아주 열심히 뛸 각오입니다.
　저번에 선생님에게 혼나면서 lesson 받고 나와 선생님 댁의 대문이 찰칵하고 닫히는 순간부터 눈물을 흘리며 군산에 내려오는 고속버스 안에서 "내가 지금 흘린 눈물이 나중에는 영광의 눈물로 바뀔 것이다."라는 각오 속에 선생님께 무한한 감사를 했답니다. 선생님 계속 뒤에서 채찍질해 주세요. 그래야 말은 잘 달리잖아요.
　선생님 도와주세요. 한 여자로서의 평범한 길을 가느니보다는 한 음악가로서 괴롭고 험난한 길을 내디뎌볼 각오입니다.

　오늘은 모처럼 교회에 가니까 선생님을 위하여 가족들을 위하여 열심히 기도 약속해요. 그럼 뵙는 시간까지 안녕히 계세요.

신선미 올림

보고 싶은 엄마께
_1984. 9. 25.

어젯밤 엄마 목소리 들으니 정말 기쁘더군요. 여전히 바쁘시지요. 대학을 네 군데나 나가신다고요?

저는 건강하게 잘 있어요. 연습하다 밤에 늦게 집에 오면 Cafeteria가 닫아서 저녁을 자주 걸렀는데 아빠께서 오셔서 맛있는 것 많이 사 주셔서 석 달 분의 영양 보충이 된 것 같아요.

지난 일요일에는 아빠랑 Philadelphia까지 은미 보러 갔었어요. 학교 공부도 재미있고 Room mates하고도 굉장히 친하대요. 그 애가 좀 짜게 놀아서 문제지만, pizza를 한 장 사서 나눠 먹었는데(돈은 똑같이 내고) 한 애가 2쪽 먹었다고 다시 돈을 반 돌려줬대요.

저는 와서 History, Theory, Keyboard 다 다시 들어요. History는 Listening을 하니까 힘들고 Theory는 완전히 음악 분석이고 화성학은 너무 어려운 거예요. 우리는 피아노 전공이니까 그렇게 어려운 것은 안 했는데… 다른 한국 애들은 영어를 해야 하니까 History, Theory는 일 년 뒤에 하고 그 대신 매일 연습실에서 살죠.

저는 레슨, 앙상블, 음악사, 시창청음, 건반화성, 음악이론을 해요. 학기 말에는 Symphony를 20곡 전 악장을 분석 시험 보고 휴…

학기 초에는 효신 언니 자주 만났는데 요즘은 제가 바빠서 통 못 만났어요. 그래서 자꾸 난이는 학교 안 오냐고 한 대요. 저는 다음 학기에 Concert로 실기 시험 봐요. 선생님은 박은희 외숙모가 배운 할아버지 선생님 Goldsend이에요.

이번 10월 28일에 Recital해요. 그래서 자꾸 외숙모 주소를 묻는데 까먹어서…

그 선생님 학생들이 하도 잘 쳐서 제가 주눅이 들어요. 열심히 해야겠지요. 이번에 아빠가 오셔서 Argent도 많이 주셨으니 잘 버티고 나갈 거예요. 매일 옷은 같은 것 입고 다니고(바지), 그래서 어제는 오랜만에 치마 입고 갔더니 친구가 드레스 입고 왔다고 놀리고…

그럼 이만 줄일게요. 몸 건강히 무리하지 마시고 안녕히 계세요.

뉴욕에서 엄마 딸 난이가

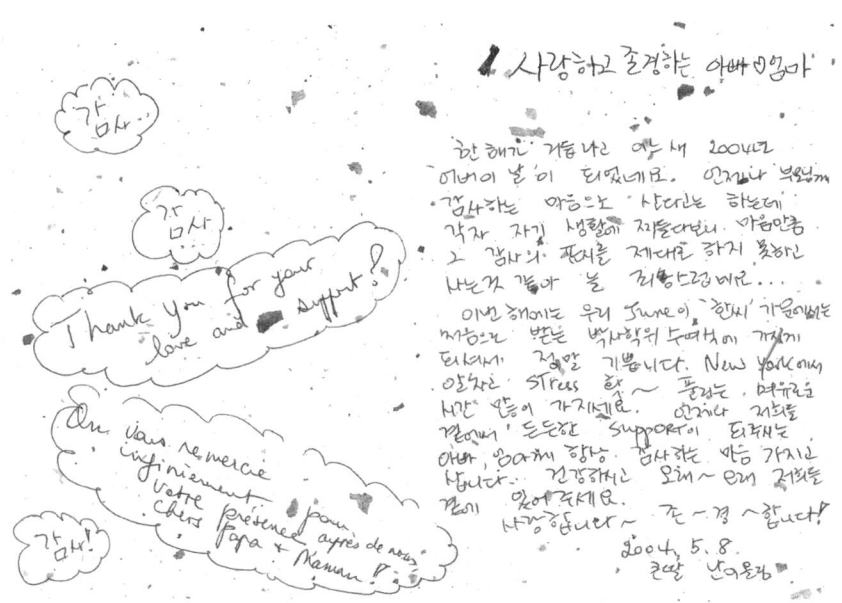

이영자 선생님께!
_31. 10. 1984.

그동안 안녕하셨어요? 언제나 소식 전해야지 하면서도 마음만큼 안되는 것 같아요. 얼마 전 혜리 언니로부터 선생님께서 한국에 가셨다는 소식 들었습니다.

이제 다시 학생들을 가르치시게 되시니 바쁘고 즐거운 나날들일 것으로 생각하여요. 학교 교정에는 낙엽들이 수북이 쌓였을 것이고…… 언제나 돌아갈 수 있는 아름다운 곳이 있다는 것은 행복한 일인 것 같아요. 지난 9월 초쯤 새집으로 이사하고, 인도네시아로 편지를 부쳤었는데 받아보셨는지요? 하도 불평만 늘어놓아서 못 받아보셨다면 더 좋을 거예요.

저는 10월 초에 개학하여 음악사, 음악 분석, 청음 그리고 세미나 두 개 등 강의 듣고 작곡, piano partiturspiel 등 개인 레슨을 받고요. 개인 레슨 시간에는 지난 학기에는 화성학과 건반화성만 했는데 이제 Invention Fugue 등을 쓰고 화성학은 그만하고요. 현악 4중주를 쓰기 시작했어요. 하지만 작곡은 오선지 한 장 써 놓고는 탁 막혀버리고 말았으니…… technik이 없으니 무엇을 쓸 수 있겠어요? 그래서 교수님께 솔직히 이야기하고 요즈음 Alban Berg의 "Lyric Suite"을 분석하기로 했어요. 그리고 다른 교수가 하는 12음기법 강의를 청강하려고 해요.

　이곳에서 남자들만 있는, 그리고 모두들 이미 작곡가들인 곳에서 무엇을 하려고 하니 자신의 실력 없음만을 더욱 느끼고 그러면서도 한편 하고 싶은 의욕이 생기고 모든 것들이 흥미롭답니다. 피아노는 요즈음 Liszt의 곡을 치고 이제 Schubert의 Sonata를 하나 하려고 해요. 그리고 partiturspiel은 악보들을 piano로 치는 것인데 요즈음은 Beethoven의 Symphony 8번을 해요. 이 수업은 한국에서는 해 보지 못 했던 것이라 처음에는 어렵고 생소하고 도무지 무엇 때문에 해야 하나 하는 마음이 들었었는데…… 악보 읽는 데 그래도 도움이 되는 것 같아요.

　다행히도 요즈음은 공부하고 싶은 마음이 더욱 커지고요. 하지만 아르바이트를 해야 하니 시간이 모자라고요. 아르바이트를 하다 보면 "사람들이 너무 치사한 것 같다"라는 등 마음이 상하고, 그러고는 비판적이 되고 사는 것이 도대체 무엇인가 등 이리저리 마음이 흩어지고 그러면 또 공부는 뒷전에 가게 되고요. 참으로 우습지요.
　한 시간도 낭비하지 말아야 할 때 해야 할 것이 너무나도 많은데 하루 저녁을 이렇게 보내게 되면 또 충분히 레슨 준비를 못 하고요… 이런 반복이지요. 요즈음 이곳은 늦가을이라 거리에는 낙엽들이 흩어져 있고요. 날씨도 꽤 쌀쌀하여 저는 벌써 오버를 입고 다닌답니다. 그래도 저는 이 계절만 되면 나의 계절인 것 같고요. 훨씬 지내기가 낫답니다.
　단풍 든 나무들을 보는 것도 좋고 떨어져 있는 낙엽 더미를 밟는 것도 좋고요. 유감이라면 한국에서처럼 푸른 하늘을 볼 수 없고 따스한 햇볕 만나기 힘들고 언제나 회색 하늘뿐이지요.

며칠 전 오랜만에 파란 하늘과 하얀 구름을 보았어요. 그날은 얼마나 행복했었는지…… 하여간 이렇게 지내고 있습니다.

참으로 어렵게 잡은 펜을 그만 놓을까 하고요. 이 가을에 선생님의 생활이 항상 건강하고 보람된 나날들이기를 바라며 이만 줄입니다.

안녕히 계세요.

희정 올림

뵙고 싶은 엄마 아빠께
_1984. 11. 17.

그동안 안부 못 전해 드려 죄송합니다. 저도 언제나처럼 잘 있어요. 이곳 생활도 몸에 익숙하게 밴 것 같아요. 서울은 요새 어떤가요. 날씨도 꽤 추워졌겠지요. 인도네시아의 더운 날씨에 3년 남짓 습관 되었을 텐데, 오랜만에 맞은 겨울 날씨에 조심하세요.

이번 주 수요일부터 21일까지는 추수감사절 방학이에요. 그래서 Philadelphia에서 은미가 올 거예요. 그리고 금요일에는 이 공사님 댁에 저녁 초대받았어요.

요즘은 피아노 공부하느라 정신없이 세월이 가네요. 하루에 5시간은 꼭 치고, 일요일은 더 쳐요. ensemble도 해야지요. 또 2 piano 시간에는 Rachmaninoff Suite No.2 하는데 저의 파트너(서울대 졸업하고 이번에 새로 온 여학생)가 호흡이 잘 맞고 음악적이고… 칭찬받았어요.

선생님이 자꾸 학교에서 Christmas 전에 연주하라고 하셔서 고민이에요. 학기말 고사까지 겹쳐 있는데 저는 요사이 Bach의 French Suite5번, Haydn의 Fantasia(CM), Rachmaninoff의 Barcarolle, Prokofieff의 Visions Fugitives, C. Franck의 Symphonic Variations을 칩니다. Concerto를 꼭 해야 해서 C. Franck를 치기로 했지요. 실기 시험은 5월에 있어요. 4시대의 곡을 차례로 쳐야 하나 봐요.

저의 선생님은 절대 쉽거나 어려운 곡은 도움이 안 되고 중간 정도의 곡이 도움이 된대요. 그래서 내주시는 곡이 So-so예요. 김성복 선생님은 안 그랬던 것 같은데.

엄마가 부치신 엄마 작품은 잘 받았어요. 하나는 선생님 드리고 하나는 제가 공부할게요. 피아노 실기 시험을 잘 보면 스칼라십도 준다는데… 최선을 다해 보겠어요. 그런데 잘 치는 사람이 너무 많아요(특히 남자!).

그럼, 여기서 이만 줄일게요. 저희 걱정일랑 아예 하지 마시고 건강히 안녕히 계세요.

우리는 다 débrouiller toutes seules 잘하고 있어요.

뉴욕에서 난이 올림

존경하옵는 이영자
  선생님께,
성탄 축하 인사 올립니다.
새로 오시는 아기 예수님의
은총이 가득하시길
기도 드립니다.
건강하시고, 영감이 넘치는
새해 맞으시길 바랍니다.
                2021 년 대림절에
                김혜자 올림

언제나 지워지지 않을…
_1984. 12. 20.

언제나 지워지지 않을 내 선생님께 해마다 한 해를 마무리하기 전에 선생님을 생각하게 됩니다.

엊그제 있었던 사은회 때는 선생님께서 안 계셔서 허전하고 온통 우울뿐이었어요.

스승의 노래를 합창하면서 2년 전 대위법 시간(스승의 날)이 머릿속에 그려졌어요. 졸업, 학점, 사랑, 허무, 그리고 눈…… 무엇을 해야 하는지 무엇을 위해 살아야 하는지 모두 모호합니다.

그래도 아직은 선생님께 하소연할 수 있고 상의할 수 있고 꾸지람 들을 수 있어서 감사하고 또 많이 행복합니다.

어떤 위치에 설 수 있든, 혹은 그저 쪼끄마한 과거의 제자로만 기억될지라도 내게는 선생님이 너무 크고 포근한 존재로 영원할 거예요.

무조건 선생님의 사랑에 대해 아무 덧붙임 없이 그대로 감사드립니다.

크리스마스, 연말, 연시… 모두 제게는 별 의미가 없지만 다른 이들 말을 빌리자면 "선생님 즐겁게 지내세요."

문신혜 드림

선생님 편지 받은 지가
_le 28 Avril '85

선생님 편지 받은 지가 언제인데 이제 소식 전해 죄송합니다.
편지 겉봉만 써 놓고 하루하루 세월이 가네요.
이곳은 너무 날씨가 나빠요. 오늘은 눈까지 내리고 비바람이 몰아치고.
쇼윈도에는 모두가 여름옷 장식인데 거리의 사람들은 아직도 두꺼운 코트와 모자를 벗지 못하는 실정이에요.
1달 전엔가 했던 작품 발표회(Fontyn 선생님 제자 음악회)는 반응이 좋았어요. Saxophone Quartet를 썼는데 연주 전, 참 겁났었거든요.
그런데 그날 연주회에 불란서 Critique가 우연히 참석했었는데 제 곡이 아주 좋았다고 했대요. Fontyn 선생님 말씀으론 현대음악 비평으로 매우 알려진 사람이라면서 그 사람이 이 연주회에 온 것이 Incroyable한 일이래요. 다행한 일이었지요. 연주자들이 연주를 잘해 준 탓이었을 거예요(Conservatoire Saxophone 선생님이 불었어요).
Quinet 선생님은 내년에 Fugue 시험을 보라고 하시는데… 글쎄요.
선화가 편지했어요. 매번 편지마다 Italy 얘기만 해서 그리로 가는가 했는데 독일로 왔대요. 그 짧은 엽서 안에 선생님께 대한 감사의 글이 2/3이었어요. 선생님께 갈 엽서가 잘못 날아든 것 같은 느낌…

6월이 시험인데 아직 선생님과 Contact도 못 했대요.

빨리 답장해 줘야겠어요.

혜리 올림

> 선생님
> 이맘때면 항상 똑 같은 기도를 하게 됩니다.
> 어제와 다른 오늘이기를
> 오늘과 다른 내일이기를 바라지만
> 오늘은 어제와 다름 없고
> 내일 역시 오늘과 다름 없음이 확실 하지만
> 내래에 대한 꿈은 항상 커기만 하죠.
> 그래서 결국 한해를 보내고 나서 다짐하는
> 새로운 각오라는게 지난 이맘때 했던
> 각오와 다를 바가 없어요.
> 살아도 헛 살고
> 바보같이 산모 됬어요.
> 선생님.
> 언제나 미련인 선생님을 잊지 않고 사랑해요
> 정말 오래 오래 써셔야 해요.
>
> 미련올림.

아빠, 엄마께
_1985. 5. 8.

그동안 안녕하셨어요?

저는 건강히 잘 있지요. 저는 지금 봄방학 중이에요. 이틀만 있으면 개학이지요. 15일은 법 시험이 있어요. 굉장히 어렵다는데 겁나요. 교과서 책으로 300page가 넘고 노트까지 있는데요. 한 시간에 5page밖에 못 나가고 있어요. 시험공부 하려고 N.Y에서 수요일 저녁 일찍 돌아왔지요. 그 시험 끝나면 두 주일 후에 또 경제학, 심리학 시험이 같은 날 있고, 또 영어반은 매주 논문을 쓰고 소설 한 권을 끝내야 해요.

N.Y에서는 언니하고 재미있게 잘 지냈어요. 시내 구경도 하고, 한국 식당에 가서 짜장면을 사 먹었는데 서울 거랑 달라요. 맛은 좋았어요. 또 나효신 언니가 저희에게 점심을 사 주셨지요. 한국 식당에서 뷔페를 배가 터지도록 먹었어요. 난이 언니가 효신이 언니하고 제일 친한 것 같아요. 서로 좀 통한대요.

저는 N.Y에서 언니가 머리를 짧게 잘라 줬어요. 그래서 넓적한 얼굴이 더 잘 보여요. 서울 갈 때쯤이면 길어지겠지요. 여기는 1주일 전부터 다시 날씨가 추워져서 엄마께서 보내신 빨간 코트 잘 입고 다녔어요. 다들 이쁘다고 그래요.

아 참, 인도 대사님 딸 죽었다는 것 너무 안 됐어요. 그렇게 좋은 학교까지 다니면서 하필이면 차 사고로 젊어서 죽다니 말이에요. 인생이 너무 허무하지요? 저는 걱정하시지 마세요. 건강히 학교 울타리에서만 살고 있으니까요. 그래도 길 건널 때 조심할게요. 그 죽은 딸 부모님은 얼마나 슬플까요?

　이런 일에 비교하면 법 시험 같은 것은 아무것도 아니지요. 엄마 말씀대로 어쩌면 일요일마다 교회에 가서 기도할지도 몰라요. 교회는 기숙사 둘레에 2~3개 있어요. 조그만 것 하나는 20m 거리에 있고, 한 15분 정도 걷는 거리에는 한국 교회가 있는 것 봤어요.

　그럼 이만 줄일게요.

　몸 건강히 안녕히 계세요.

Philadelphia에서 둘째 딸 Grace 올림

Très chers 아빠·엄마께.

　Paris에서 마지막으로 맞게 되는 "어버이날"을 위하여 저희들 셋이 준비한 선물이 아빠·엄마 마음에 꼭 들었으면 하는군요. 바쁘시지만 아빠·엄마께서 서울에서 Paris 생활을 회상하시면서 저희들 생각도 「가끔」 해주셨으면 좋겠세요.

1990년 5월 8일.

난이
은미
춘영
+ LouLou
올림.

선생님께
_1985. 5. 8.

    소식 못 드려 죄송하면서도 늘 늦어지곤 합니다. 그동안 안녕하셨겠지요? 이렇게 무슨, 때가 되어야 소식 전하게 되니 정말, 큰일이에요. 미국서는 스승의 날이 없지만, 서울에서 꽃 사 들고 선생님 댁 찾아뵙던 때가 생각납니다. 특별한 날이니까 장미꽃으로, 또 살 좀 찌시더라도 모찌, 앙꼬빵 좋아하시니 사 가면 소리 지르시면서 흐뭇해하시던 선생님 얼굴이 눈에 선명히 기억돼요. 다른 친구들은 대학교 때 교수님과 친분이 별로 없지만 저는 평생을 찾아뵐 수 있는 선생님을 만나게 된 것만으로도 작곡과 다닌 보람이 있는 것 같답니다. 올해에도 학생들이 북적거렸겠지요?

    저희는 4월 중순에 또 이사했습니다. 아기가 있으면 방 2칸짜리 Apt로 가야 하는데 마침 학교 분 소개로 싼 곳을 구할 수 있어서 얼른 옮겼어요. 몸도 별로 안 좋고 새로 옮긴 집은 낡고 모든 시설이 고칠 곳 투성이라 정 붙이는 데 힘이 들었어요. 주인도 그다지 친절한 사람이 아니어서 35℃를 오르내리는 2주일간 냉장고가 없이 살았답니다. 옛날 분들은 다 그런 것 없이도 사셨을 텐데, 여태 그런 것을 겪어보지 못하다 막상 내 앞에 닥치고 보니 그렇게 불편하고 서러울 수가 없었어요. 이런저런 작고 큰일들 때문에 결혼 전 엄마 밑에 있던 때가 더 편하다는 걸 느꼈어요.

요즘은 입덧이 끝나 잘 먹고 다시 요리도 하고 별 지장 없이 지낸답니다. 언제나 서울에 가볼 수 있을까 늘 꿈꾸며 살아요. 식구, 친구들 편지 받는 날이 제일 행복한 날이고 늘 그렇듯이 전화보다는 편지가 기쁨이 더해요. 아마 오랫동안 두고두고 또 새길 수 있어서인가 봐요.

오늘 밤은 오랜만에 비가 와서 기분이 좋답니다. 요새가 학기말 시험 기간이라 여진 씨는 바쁘고 저는 혼자서의 시간을 갖게 되는 때예요.

선생님 늘 바쁘시지만, 너무 무리하시지 마시고 시간 나시면 답장도 해 주셨으면 정말 고맙겠어요.

스승의 날에 찾아뵙는 대신 편지로나마 인사드려요.

안녕히 계세요.

효원 올림

Philadelphia, Feb 14, 85

Dearest Mum and Dad,

I wish you lots of happiness on Valentine's Day, and I would like to say how lucky and happy I am to have such great parents as you who love me.

Sincerely,

선생님께
_1985. 6.

그동안 안녕하셨어요? 선생님을 뵌 지도 1년이 되었어요. 매일 마음으론 찾아뵌다면서, 이럭저럭 살다 보니 세월이 마냥 흘러버린 것 같아요.

전 요즈음 서울에서 1시간 거리인 경기도 광릉에서 살고 있어요. 제 남편이 이제 의사의 모든 수련 과정을 마치고, 요번 1월에 내과 전문의가 되어 그동안 못한 군 복무를 하는 중이랍니다.

대개 3년 중 1년은 전방에 가게 되는데 저희는 운이 좋게 서울에서 제일 가까운 전방에 배치되었어요. 부대에서 아파트를 주어서 사는 시설은 서울 아파트에 사는 것과 비슷해요. 더 좋은 점은 사방이 산과 나무이고 밤이면 별이 총총하다는 것이랍니다.

전 결혼한 지 만 3년이 넘었는데 그동안 남편 공부와 시집살이 덕분에 신혼 재미를 못 느끼고 살다가 이곳에 오니 모든 생활에 감사하게 되는 것 같아요. 사람은 얽매이고 살아봐야, 풀려났을 때의 기쁨 같은 것도 좀 더 절실히 느끼게 되나 봐요.

많은 세월을 부모님으로부터 귀염만 받고 살다, 평생 처음 남의 눈칫밥(?) 먹고 산다는 게 서럽기도 하더니, 이제 지나고 나니 인생의 좋은 경험이었다는 생각이 들고, 이런 고생 안 한 사람보다는 앞으로 살아가는 데 조금이라도 도움이 되리라는 마음도 생겨요.

요즈음같이 물과 산이 좋은 곳에서 마음의 여유를 갖고 살고 있을 때, 선생님같이 작곡을 잘하는 멋진 사람이었으면 제가 자신에게 몰두해서 뭔가 생각하는 아름다운 여자가 되려고 노력할 텐데, 자꾸만 스스로가 평범한 아낙에 만족해버리는 것이 아쉬워요.

이제 주제 파악이 확실히 되어 음악에 대한 희망은 저버리고 산답니다. 가끔 제가 작곡을 처음 시작하려고 선생님께 공부하러 다니던 생각 하면 더없이 소중한 시간이었던 것을 느껴요. 그땐 음악을 무진장 사랑했고, 선생님을 무진장 존경했고, 선생님으로부터 잘한다는 소리를 들을 때면 심장이 고동이 칠 정도로 기뻤어요.

지금 제가 보아도 유치한 피아노곡들을 일일이 피아노로 쳐보시며 가르쳐 주실 때는 제가 곧 작곡가가 될 것 같은 착각에 빠졌답니다. 선생님의 피아노 소리는 보잘것없는 곡을 몇 배로 아름답게 꾸미시는 마력 같은 것이 있었나 봐요. 대학에 들어와서 선생님의 실망스러운 제자가 되고 말았지만 나름대로 좋은 곡을 한번 쓰고 싶은 마음에 고민은 많이 했어요.

어느 날인가 한심한 저에게 공부 좀 하라시면서 현대 악보들을 방에다 휙 던져 버리시고 문을 꽝 닫고 나가버리시던 선생님의 모습에서 "아직 나를 버리시진 않으셨구나" 하는 뻔뻔한 안도감을 느꼈지만. 그 닫혀버린 공간에서 이 악보 저 악보를 들추어보아도 무슨 소리인지 모를 때는 쥐구멍에라도 들어가고 싶은 말 못 할 고민에 빠졌답니다.

다 지나간 일들이지만 그렇게 허물 많은 제자가 되다 보니 항상 선생님을 뵙고 싶어도 연락을 쉽게 못 드리는 것 같아요. 그리고 아직도 선생님을 어려워하는 탓도 있고요.

은순이가 길에서 선생님을 한 번 뵈었다고 하더군요. 은순, 종숙이 모두 아들을 낳았어요. 저도 10월에 둘째 아이를 낳는데, 은순이처럼 딸, 아들 하나씩 낳았으면 좋겠지만 그게 뜻대로 되는 일이 아니니 기다려봐야죠.

선생님 항상 건강하시길 기도드려요.

서울에 가면 연락드릴 텐데 평범한 아낙이 되어가는 제자도 따스하게 받아 주세요.

조혜원 올림

이영자 선생님 귀하
_1985. 8. 3.

선생님 그동안 안녕하시온지요?

저는 85년 2월에 졸업시험을 무사히 마치고 Diplom을 마쳤습니다. 시험관이 모두 6명이 들어왔는데 제가 너무 걱정을 해서(혹시 독일 말을 실수라도 할까 봐서요) 입술이 다 부르트고, 시험 끝나고 거의 2주간을 지독하게 아팠답니다. 더구나 2월에 졸업시험과 겹쳐서 두 번째 작품 발표를 하느라고 더 과로한 것 같습니다. 결과는 제가 생각했던 것보다 좋아서 음악회 날 Bravo 박수도 받고 신문에 평도 좋게 나왔습니다.

저는 여기서 현대음악에 관한 여름학교에 한 번 참석하고 또 저의 독일 교수님과 조금 더 공부하고 86년 초에 한국으로 나갈 계획입니다.

선생님 그럼 오늘은 이만 줄일게요.

안녕히 계세요.

이상인 올림

선생님!
_Octo' 5. 1985

어떠세요? 서울의 시월은 참 좋을 땐데…… 이곳은 지난번 눈이 온 이후로 가을로 되돌아갔고 다음 주 화요일, 수요일에는 또 눈이 오고 추워진대요.

이곳 선생님은 레슨 때마다 이 G음은 어디서 왔고 이 화성은 왜 여기 있고

이 Bb음이 3박자인 이유는 뭐며… 꼭 학생을 당황하게 만들기 위해 이 세상에 태어난 것 같아요

그렇지만 여태껏 생각지 못한 것들을 배우는 기회가 주어진 것 같아 기뻐요.

이를테면 베토벤이 하나의 주제를 얼마나 교묘히(?) 발전시켰으며 Closing Theme 하나를 얻기 위해 똑같은 I chord로 9마디를 끌고 간 것처럼, 제가 가진 주제를 듣는 사람에게 충분히 이해시켜 그들로 하여금 즐기게 하여 여유를 생각하게 된 걸까?…

뭐… 그런 거예요.

선생님께서도 자주 말씀하신 거죠? 연주자를 즐겁게 해주라고 쉽지 않아요.

Beethoven이 쓴 Unisson은 참 기가 막힌 데 제가 쓰면 졸렬한 것처럼…

사람마다 인생관이 틀린 것일 테니까…

여기 계명대학에서 가르치다 오신 분(성악)이 계신 데 남편은 한국에서 가르치시고 애들만 데리고 박사 하러 오셨어요.

잘해요, 노래. 사람 좋고, 열심이라 더욱 좋고, 박은경이랑 연락하고 지내요.

심옥식은 연락이 닿지를 않아요. 아직 자리가 잡히지 않아서 연락이 없나 봐요.

동창 중에 김미선이 있는데 아들 돌잔치를 했대요.

선생님 건강하시길 빌어요. 무리하시지 말고요. 깡통에 든 살 빠진다는 가루도 드시지 말고요(믿을 수 없음 - 뭐가 들었는지).

안녕히 계세요. 또 연락 드릴게요.

Boulder에서 나효신 드림

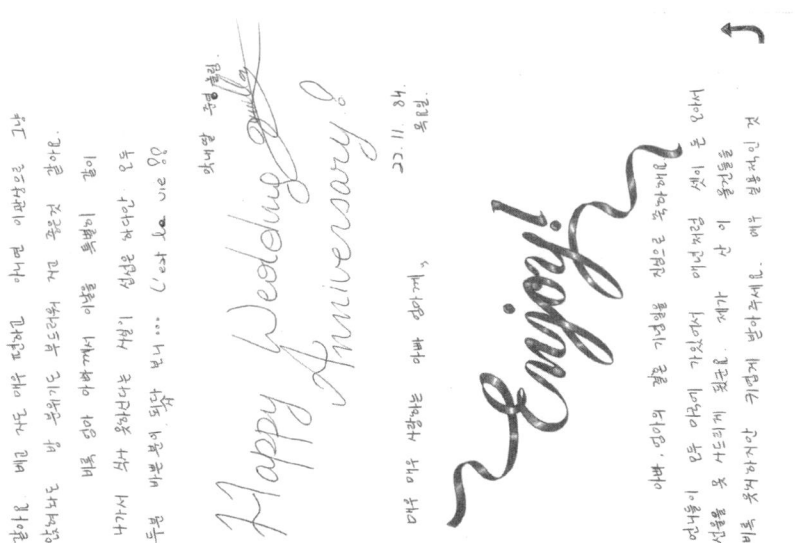

뵙고 싶은 엄마 아빠께
_1985. 11. 25.

그동안 안녕하셨어요? 저는 건강히 잘 있어요. 그간 편지 못 해서 죄송합니다. 너무 정신없이 바빴거든요.

10월에는 I-House에서 Korean Tea Party 했죠. 인삼차, 설록차, 생강차랑 강정, 약과 사서 또 한국 음악 Tape 빌려서 무사히 했어요. 성과가 아주 좋아서 70, 80명 예상했던 게 200명씩이나 왔죠. 그랬더니 중국 애들이 그걸 보고 11월에는 Chinese Tea Party 하는 거 있죠.

11월에는 엄마께서 Tape 보내 주신 것 갖고 'Korean Cultural Hour'를 제가 주최했지요. 노래는 I-House 사는 한국 애가 가곡 2개 부르고, 컬럼비아 대학에서 태권도 사범 부르고, 무용하는 사람 2명 부르고, 문화원에 가서 영화 빌리고 사회도 보고.

전 I-House에서 한국 대표로 일하면 방값 다 주는 건 줄 알았더니 한 달에 한 번씩 행사하면 100불 정도밖에 안 돼요. 죄송합니다. 방값만큼은 벌려고 했는데.

12월 5일 총영사님을 I-House로 공식적으로 초대했어요. 한국서 삼익 Piano를 기증했다니 약 30분가량 음악회를 하기로 했죠.

아빠께서 N.Y에 오신다니 정말 좋네요. 아빠 오실 때 볶은 고추장 갖고 올 수 없겠죠? 지난번 건 그냥 수저로 퍼먹었거든요. 굉장히 맛있었어요.

  그럼, 여기서 이만 줄일게요. 너무 걱정하지 마세요. 건강하게 열심히 살고 있으니까요.

  몸 건강히 안녕히 계세요.

Love Nany 올림

아빠께.

CEUX QUI EN ONT
LE PLUS, VIVENT
PLUS LONGTEMPS!

오래간만에 Paris 에서 맞이하는
생신이죠..

진심으로 생신 축하드립니다.

올해에도 아빠께서 원하시는 모든
것은 "기적" 아니시면 받겠지요..

건강하세요.

HEUREUX
ANNIVERSAIRE!

1988년 2월 24일

난이 올림.

III
Keukenhof 꽃밭에서 꿈꾸다

_1986

사랑하는 영자언니!
_1986. 1. 22.

언니가 우리 집에서 준영이랑 출발하신 다음, 찬은 12시가 다 되도록 응접실에 혼자 앉아 음악을 들었어요. 언니가 와 주셔서 굉장히 기뻤나 봐요.

감회도 깊고요.

우리 이제 살만해요. 찬이 상무로 승진하고 전 퇴직해도 연금 나오고 아이들 아직 대학 다 나온 건 아니지만, 어렸을 때부터 아이들 적금 들고 저금해서 대학 학비, 시집갈 돈 걱정 없어요. 안심하세요. 그렇다고 잊지는 마세요.

우리를 고마움도 모르는 짐승으로 만들지는 마세요. 아시겠지요? 저의 뜻 꼭 받아 주셔야 해요. 네? 우린 사람답게 살려고 노력하고 있거든요. 욕심부리지 말고 좀 손해 보며 살고 봉사하며 살고, 옛날 예의범절 잊지 말고 살며, 음악도 그림도 연극도 책도 무용도 좋아하며 사랑하며 사람답게 살고 싶어요.

언니 묵화 세 장만 그려 주세요. 우리에겐 쫑(미란), 찌(지원), 민(정민)이가 있으니까요. 두고두고 언니 기억할 수 있게 해 주세요.

모두 들어주시는 거죠? 찬과 경이 올립니다.

　　　　　　　　　　　　　　　언니를 사랑하고 존경하는 찬과 경이

사랑하는 아빠 엄마께

_Philadelphia. Feb. 7. 86

그동안 안녕하셨어요? 지금은 저 혼자 기숙사 방에 있지요. 친구들은 다 놀러 나가고 저는 혼자 공부하려고 마음먹었는데, 금요일은 참 공부하기 어려워요.

이번 주는 일을 많이 했지요. 커피숍에서 3시간 일해서 10불 벌고 어제는 불어 Lesson해 주고 7불 받았지요. 일요일은 아침 11시부터 오후 5시까지 커피숍에서 물건 팔고 커피 만들지요. 그래서 오늘 늦게까지 공부해야 해요.

요새는 시간이 어떻게 가는지도 모르겠어요. 과목까지 5개로 늘었는데 역사는 매 주일 300~400page나 읽어야 하고 과목들이 진도가 빨라서 정신이 없어요.

준영이는 학교에 잘 다니나요? 편지 좀 쓰라고 해주세요. 매일 편지통이 비어있어서 열어 볼 필요도 없어요. 이곳 걱정은 하지 마세요.

Love 둘째 딸 grace 올림

선생님 보세요
_1986

진작 난이한테 소식 듣고, 아이고 또 짐 싸셔야 하겠구나, 끙끙… 했는데.

…

작곡가처럼 보이는 사진은 없을까 하고 찾아봤는데, 선생님 손바닥이 커졌다 작아졌다.

Ensemble 끝내고 guitar 곡 시작했습니다. 사보는 여름에 하고 두어 곡 더 마련되면 올가을에 recital 할까 합니다.

참 올해 동아 콩쿠르 작품은 어떤 거예요? 미련이 남아서 졸업 전에 한 번 더 해 볼까 싶기도 하고, 좀 주눅이 들기도 하고 그렇습니다.

이곳 선생님은 머리가 비상하고 어려운 이론을 꼭꼭 집어내 순식간에 이해시키기로 유명해요. 레슨 때마다 오선지 펴 놓고 허구한 날 코 후비는 게 흠이지만…(경멸, 혐오)

가을 학기엔 Boston에서 유명한 작곡가 한 분 오신대요. 운이 좋으면 한 학기쯤 배우게 될는지…

천천히 짐 싸세요. 무리하지 마시고요.

여름에 한 과목쯤 듣고… 논문 때문에 걱정이 태산 같아요. 시간에 쫓기고 미루어 놓자니 평생 걸려야 학위 하나 받을 것 같고….

여름에 뵐 수 있길 바라요. 뉴욕에서든 콜로라도서든 유럽에서든, 졸업 전에는 서울에 안 갈 작정이에요. 또 연락드리겠습니다.

건강하시길 바라며….

효신 드림

선생님께
_1986. 5. 7.

안녕하세요? 이 편지를 받으실 때쯤이면 무척 바쁘시리라 생각됩니다.

그곳에 도착하셨을 때 제일 먼저 받는 편지가 될까 싶어서 그 영광을 제가 받으려고 선생님 떠나시기 전에 이런 주책을 부려봅니다. 이 모든 것이 그래도 '젊음'이라는 허울 좋은 이름 아래 다 허용이 되겠지요?

내일 떠나신다고 하셨는데 떠나시기 전에 전화 한 통이라도 하고 싶지만, 워낙 선생님께서 바쁘시니까 직접 통화할 기회도 없을 것 같고 해서 이렇게 편지로 대신합니다.

6년 전 시험을 며칠 앞두고 선생님 댁을 조바심내면서 드나들던 때가 때로는 그립기조차 합니다. 이번에 선생님 댁에 가서 그때의 심정과는 다른 편안하고 느긋한 마음으로 선생님과 사진까지 찍고 보니, 새삼 변하지 않는 우리에 대한 선생님의 사랑이 느껴져 많이 고마웠습니다.

요즈음같이 각박한 세상에 선생님만큼 허물없이 우리를 대해 주시는 분은 아마 안 계실 것 같습니다. 진정 그런 의미에서 저는 무척이나 행운아인가 봅니다. 저는 무작정 선생님이 좋습니다. 어느 장소이건, 누구 앞에서 이건 항상 당당하신 성격도 좋으시고, 언제나 10m 밖에서도 들을 수 있는 큰 목소리도 좋으십니다. 선생님께서 더 나이 드셔서 성격도 무난하시고 목소리마저 작아지신다면 저는 많이 슬퍼할 겁니다. 지금 그 모습의 선생님이 좋으십니다.

선생님 다음에 선생님을 뵙게 될 때 저는 나이가 30이 다 되어 갈 것 같습니다. 늙는다는 것은 별로 좋은 일이 못 되지만, 나이에 상관없이, 선생님처럼 '젊음'과 '열정'을 가지고 생활한다면 아주 멋진 삶이 되겠지요. 저도 선생님처럼 살아 움직이는 삶을 살고 싶습니다. 다음에 선생님을 뵈었을 때도 지금 그대로의 모습을 보여주셔야 합니다. 늘 건강 조심하시고요.

필요하시다면 홍삼차는 언제든지 보내드리겠습니다. 선생님께 받은 사랑에 비한다면 그건 아무것도 아닙니다. 선생님과 함께 찍은 사진 잘 간직하면서 늘 선생님 생각하겠습니다. 하루빨리 3년이란 세월이 지나갔으면 좋겠습니다. 떠나시자마자 벌써 만나 뵐 생각을 하다니… 좋은 곳에서 작품도 많이 쓰시고, 아름다운 시간들로 엮어지길 빕니다.

안녕히 계세요.

송미경 드림

선생님 안녕하세요?
_1986. 5. 22. 목

네덜란드는 지금쯤 어떠한 계절일까요? 지금 여기 한국은요 며칠 계속 5월답지 않게 어둠침침하니 기분 나쁜 날씨입니다. 벌써 6월이 된다고 생각하니 왠지 서글퍼지네요.

얼마 전 서울에 갔었습니다. 갈 곳이 한 곳 줄었다는 게 정말이지 텅 빈 허전함 그것이었습니다. 보고 싶어요.

지난번 학교에서 연주법 시간에 발표할 곡을 2학년 중에 1명을 뽑았는데 제가 아닌 다른 아이가 뽑혔어요. 그날은 내내 울었답니다. 선생님도 뵙고 싶었고 떨어지리라고는 생각도 못 했었는데 말이에요. 그래서 종일 서러워서 울고 또 울고 하였습니다.

요즈음은 가곡을 쓰는데 영락없이 되돌아가기를 되풀이하고 있습니다. 웬만하면 통과됐으면 하는데, 퇴짜가 되풀이된답니다. 선생님이 서울에 계셨더라면 하소연하며 꼭 좀 고쳐달라고 엄살 좀 피울 텐데…

요즈음 곳곳에서 데모하고 있습니다. 우리 학교도 한때는 꽤 소란스러웠는데 이젠 괜찮아요. 벌써 몇몇 학생이 투신자살했대요. 생명이 있다는 것만으로도 감사한데 왜 구태여 주어진 축복을 하릴없이 내동댕이쳐버리는지 모르겠어요.

'아마데우스'라는 영화를 두 번이나 돈 주고 들어가 보았습니다.

준영이가 겨울에 그것도 안 보았느냐고 퇴박을 주는 바람에 영화 들어오기만 기다렸다 불나게 쫓아가 보았었죠. 선생님, 천재라는 건 과연 좋긴 좋더군요. 살리에르와 같은 노력파도 그 노력과 열성만으로도 천재를 이기지 못하여 결국은 폐인이 되고 마는 것을. 미란이도 천재적 재능을 가지고 태어났더라면 얼마나 좋았을까요. 이건 정말 비극이에요 선생님.

내일은 화창한 날이길 바라고 싶어요. 화창하다는 건 희망적인 일인걸요.

선생님 즐거운 네덜란드에서의 생활 되시길 바랍니다.

몸 건강히 안녕히 계세요, 안녕.

대구에서 허미란 올림

선생님께
_1986. 5.

선생님! 마음은 그렇지 않으면서도 선생님께는 늘 credit은 못 지켰고 미리미리 인사드리고 찾아뵙는 도리를 다 못해서 죄송해요.

제 나름대로 복잡한 사정도 있었지만, 너무도 죄송한 마음에 선생님 댁으로는 못 가고 이렇게 무작정 공항으로 가서 잠깐이라도 선생님 떠나시는 모습 뵙고 싶었어요. 용서해 주세요. 선생님!

선생님, 선생님께서 블라우스 많이 필요로 하실 것 같아 Victory에서 골라봤는데요. 물건이 마침 도착한 날이라 비교적 디자인 괜찮은 것 같았어요. 땡땡이무늬가 일률적이라 졸렬하다고 하실지 모르지만 칼라(목 부분)와 디자인이 제 맘에 들어 회색 Suit에 입으시면 해서 골랐고, 페이즐리(올챙이)는 검은 슈트에 입으시면 괜찮을까, 하는데 어떠신지요? 혹 맘에 안 드실까 봐 걱정되어요.

그리고 준영이 진 블라우스가 막 입기에 편안할 것 같아 골랐으니 준영에게 전해주세요.

선생님 그럼 다음번 한국에서 뵙게 될 때까지 건강하시고 네덜란드에서의 생활이 즐거우시길 바랍니다.

건강하세요. 그리고 준영에게도

이미영 드림

예선 통과했다는 소식을
_6월 3일을 맞이하여

    예선 통과했다는 소식을 조교실로부터 들었을 때 뛸 듯이 기뻤지만 모두 7명이란 사실에 걱정이 뒤섞였습니다. 다행히 우리 학교 브라스 5중주단이 구성되어 있어 연습에 들어갔지요. 본선 열흘 전쯤에 학교에서 춘계 연주회가 있었는데 연습 때보다 훨씬 죽을 쑤어 놓았어요. 그런데 그것이 전화위복이 되어 그날부터 한 일주일 정도를 4~5시간 눈에 불을 켜고 연습을 했어요.
    막상 콩쿠르의 날!
    리허설 시간에 일찍 가서 먼저 맞추어 놓고 다른 작곡자들 곡을 차분히 들어 보았어요. 거의 모든 곡이 브라스 곡이 아닌 현악 중주 같은 느낌이 들었는데 서울 시립대의 최동선 선생님 제자의 곡이 귀에 들어왔어요. 그래서 조바심이 시작됐고요.
    어쨌든 콩쿠르는 시작되고(일곱 명 중에서 내가 여섯 번째) 점점 차례는 다가오고 마음은 뛰다 못해 호흡이 곤란하고…… 그때 나는 두 눈을 감고 선생님을 생각했어요.
    첫날 대위법 시간에 선생님을 소개받던 일! 너무나 자신만만한 선생님 태도에 화가 나서 선생님을 골려 먹으려던 일! 점점 시간이 지나면서 선생님의 인간이 그저 좋아서 일거수일투족을 배우려고 쫓아다니던 일!

지하실에서 중앙 콩쿠르 준비하면서 지지리도 못난 행동을 보여 드릴 수밖에 없던 무지함에 몸서리쳐 질쯤 나의 차례가 시작되었지요. 환한 얼굴로 격려해 주는 것만 같은 선생님의 얼굴이 무대 위에 가득했어요. 그래요. 선생님은 행운을 몰고 다니시는 여신이시니까!

모든 곡이 끝나고 발표까지의 피를 말리는 공백 동안 춘천 길을 생각했고 홍천의 여교장 선생님, 들국화…. 최승준 선생님이 단 위에 올라가셨고 여섯 번째 최철이라고 느닷없이 호명할 때는 3등인 줄 알았는데 본상만 수상한다는 추가 말씀이 있자 연주자들이 덮쳐오고 실내는 환호성의 도가니였습니다.

졸지에 애들에게 들려 나가 헹가래 쳐지고 청중의 절반이 넘는 한양대 학생들인 축하객들에게 인사를 거듭하면서 나는 연상 "고맙습니다."고 인사했습니다. "고맙습니다. 고맙습니다." 하지만 그 인사도 바로 선생님께 드리는, 아니 선생님이 나에게 예약해 주신 구원의 소리였습니다. 수많은 악수와 포옹이 오고 갔지만 내 앞에는 계속 선생님의 환한 모습이 어른거렸습니다. 빨리 집에 가서 선생님의 목소리를 전화로라도 듣고 싶었어요. 통화가 되어야 할 텐데…….

선생님!

이제 조그만 발판을 만들었습니다. 오늘 이 시간! 마음으로부터 깊은 감사를 드립니다. 선생님께 배운 짧은 1년 반 남짓한 기간이 앞으로 남은 몇십 년의 인생을 인도해 주었습니다.

선생님은 저의 음악뿐 만이 아니라 인생의 사표이십니다. 부디 선생님의 첫손가락에 들을 수 있는 제자가 되기 위해 노력하겠어요.

격정을 삭이지 못한 채
제자 최철 올림

이영자 선생님
_1986

 이 선생님 기체후 일향만강(氣體後一向萬康)하옵시며, 댁내제절(宅內諸節)이 평안하시온지요. 이곳에 온 지도 어언 3개월이 되었으니 세월이 빠르군요. 저는 밥 잘 먹고 공부 잘하고 있습니다. 금년 겨울은 유달리 따뜻한 편이었고 공기가 맑아서 그런지 감기 한 번 걸리지 않았습니다. 하버드에는 도서실이 100개, 소장 도서는 1천만 권쯤 된다고 하는군요. 음악과 도서실도 유명하다는데 기대가 너무 컸던 탓인지 제가 생각했던 것만은 못 합니다. 학교 주위에 책방이 26개, 커피숍이 많고 조그마한 상점들이 즐비하여 제법 낭만적인 기분이 들고, 그럴 때마다 유달리 낭만을 강조하는 이 선생의 모습이 떠오릅니다. 음악회, 특히 작곡발표회에 많이 갔었는데, 이곳도 여류 작곡가 활동이 활발합니다.

 76년에 American Women Composers Inc.가 설립되었지요. 내가 살고 있는 매사추세츠주의 지부에서 발표회를 몇 번 해서, 가 보았습니다. 'Ellen Taaffe Zwillick'라는 여류 작곡가가 아주 유명한 모양인데, 83년도 Pulitzer 음악상을 탔습니다. 스트라빈스키적인 음향과 리듬이 많더군요. 미국 여성작곡가회의 안내문을 동봉하오니 참고하세요.

황병기 올림

이 교수님
_1986

그동안도 별고 없으신지요?

주님께서 항상 대사님, 이 교수님 지켜 주시리라 믿습니다.

무사히 이번 음악회를 마쳤습니다. 서경선 선생님께서 많이 애쓰셨어요. 가을에는 선생님께서 나오셔서 더욱 좋은 음악회 가졌으면 합니다. 그동안 훌륭한 작품 준비하셔서 좋은 음악회 되도록 기도해 주세요. 자주 글 드리지 못해 죄송합니다.

미리미리 한다면서도 그렇게 쉽지가 않은 것 같아요. 안녕히 계세요. 중요한 일이 있는 대로 편지 드리겠습니다.

이찬해 드림

P.S: 모든 재정적인 걱정 마세요.
    그런대로 꾸려나가고 있어요.

사모님 전상서
_1986년 7월 31일

사모님 안녕하시옵니까?

우선 대사님의 네덜란드 발령을 축하드립니다. 벌써 서신 올리려고 마음은 먹고 있었사오나 3월부터 손님이 많았으며 7월 초에는 휴가로 북 구라파의 몇 나라 노르웨이, 스웨덴, 덴마크를 여행하느라 바빴고 돌아와서는 두 아이가 수두를 몹시 앓아서 차일피일하다가 이제야 소식을 올리게 되어 대단히 송구하옵니다.

사모님께서는 아름다운 화란에서 준영 양과 정말 enjoy하고 계시리라 생각되옵니다. 준영 양은 그대로 하프 공부를 계속하고 있겠지요?

이곳 헬싱키에는 정 대사님과 사모님 여전하시고, 소련의 체르노빌 사건으로 얼마간은 신경을 곤두세우고, 조심했사오나 점점 신경이 무뎌져서 이 나라 정부에서 잘 알아서 처리할 것으로 믿고 Super market에 나오는 식료품은 다 사다 먹고 있습니다.

저희가 사는 헬싱키는 겨울에는 춥긴 해도 생각보다는 덜 춥게 느껴지오며, 올여름은 좋은 날씨가 이어져 정말 아름답습니다. 가을부터는 우중충한 날씨로 변할 것이므로 이곳 사람들은 여름을 보람있게 보내려고 노력하며 정말 여름을 enjoy하고 있사옵니다. 저는 십여 일간 아이들의 수두 덕분에 거의 외출을 못 하고 아이들과 씨름하고 있지만 말씀입니다.

아무쪼록 대사님, 사모님, 준영 양 모두 건강하시고 화란에서의 나날이 보람되시기를 비옵니다. 미국의 두 따님들도 잘 있는지요?

경윤, 정윤이가 잠든 틈을 타서 몇 자 올립니다. 차후 또 소식 올리겠사옵니다.

안녕히 계십시오.

Mrs 박 올림

뵙고 싶은 이영자 선생님께
_1986. 8.

　시간이 감에 따라 내 마음속 많은 부분을 선생님께서 차지하고 있음을 느낍니다. 선생님께선 음악 하는 사람들에게 음악의 자세와 뿌리를 심는 법을 보여 주셨기 때문이 아닐까요?

　요즈음에 와서 마음속을 지배하는 것은 선생님과 관련된 음악의 모습들입니다. 8월에 박은희 선생님께서 창단하신 음악회에 가서 이모님을 뵈었어요. 선생님을 공항에서 배웅하시고 준영이 이모님께서 막 우셨어요. 얼마나 안쓰러워 보였는지….

　그날은 밝은 모습이셨어요. 박은희 선생님 열심히 활동하시는 모습이 존경스러웠습니다. 리셉션에서 선생님께서 우아하게 웃으시며 나타나실 것 같아 몇 번이나 두리번거렸어요. 선생님을 뵙지 못하고 돌아오면서 얼마나 마음이 쓸쓸했는지 몰라요. 선생님 제자들도 통 못 봤어요. 이런 자그마한 일들에서도 '선생님의 많은 부분이 내 마음 깊이 차지하고 있구나' 하며 종종 생각합니다.

　박재은 선생한테 한양대 입시 요강을 묻느라고 얼마 전 전화가 왔었어요. 선생님께서 안 계셔서 학교 나가도 고아 같다고 하소연했어요. 박 선생 wit도 많이 솔직하고 참 좋아요. 전화로 수다를 서로 떨었는데 마음 터놓고 허심탄회하게 대화를 할 수 있었어요. 모두 선생님 그늘 아래지요.

　정성껏 제게 불어를 가르쳐 주던 준영이의 모습이 눈에 선하지요. 파리에서 공부하게 되었다면서요?

선생님께서 좋은 분을 만나 공부하신다는 데 무엇보다도 기쁩니다. 전 선생님을 정신적 지주로 삼고 음악의 길을 가고 있습니다. 선생님께서 무심코 행동하시고 말씀하시는 거에 공감을 느꼈기 때문이에요. 내색을 금방 못하는 성격이라 그땐 선생님께 표현을 못 했지요.

아시아 작곡연맹에 들게 되었어요. 전 선생님께서 부회장으로 계신 것을 전혀 모르고 있었는데 가입서 내고, 얼마 전에 들었습니다. 10월 19일부터 대만에서 회의와 festival이 있는데 초청장은 왔지만 가게 될지는 잘 모르겠어요. 유학은 내년 여름 이전에 혹은 봄 학기에 꼭 가려고 합니다. 이번에 가면 몇 년 있을 계획이에요. 올여름은 선생님도 안 계시고 해서 유학 가기 위한 준비로 제 나름대로 열심히 보냈습니다. 개강과 함께 여름에 무리한 게 병이 되어, 아시안 게임으로 학교가 3주 쉬는 동안 일주일은 입원하고 두 주일은 회복하느라 쉬었지요. TV로만 금메달 느는 것 보며 박수쳤지요.

저희 회사도 공장에서 만든 농구대랑 일본 산 체조 기구랑 기증하고 전 직원이 기술 요원으로 자원 봉사하며 아시안 게임에 보이지 않는 참여를 했어요.

학교는 이여진 선생님께서 작곡과장이 되시면서 여러 제도가 개선되었고 4학년도 10월 말 전 학생이 연주하도록 되었어요. 혜자 언니가 여성 작곡가에 대한 소식을 알릴 것 같아 저는 생략하겠어요.

'아작'은 11월 3일 국내 발표회가 있을 예정이래요. 선생님을 향한 제 마음은 오랜 뒤에도 변함없을 거예요.

안녕히 계세요.

정현숙 올림

선생님 전상서
_1986. 8. 22.

오랜만이어요.

안녕하셔요. 벌써 이 여름도 다 가는가 봐요. 벌써 하늘이 저만치 멀리 보여요.

어떻게 지내고 계세요 선생님?

물론 바쁘시고 즐거운 하루하루가 되고 계시겠죠. 몸은 건강하셔요? 이제 다이어트는 그만하셔요. 선생님께선 조금 뚱뚱해 보이시는 편이 멋지고 개성적이세요.

정훤 이번 여름방학이 매우 분주하고 바빴어요. 일주일에 피아노 레슨이 두 번인 데다가 영어까지 과외를 하니 그냥 그냥 하루가 가기가 바빴어요. 그렇다고 거둔 수확은 전혀 없어요.

선생님, 피아노가 너무 힘들어요. 이렇게 힘든 줄 몰랐어요. 요사이 레슨 갈수록 느는 것은 많은 고민뿐이에요. 정희가 11월에 있을 대학원 시험에 무사히 통과될 수 있도록 선생님 기도 많이 해주세요.

참 저 요번 성적이 참 좋아요. all A여서 평점이 4.0이 넘어요. 또 1등이지 뭐예요. 선생님께서 아마 저 1등 하라고 기원하셔서 그렇게 됐나 보죠. 선생님께도 감사드려요. 선생님의 웃는 얼굴이 눈에 선해요.

역시 선생님의 많은 연륜 탓인지, 생각할수록 선생님의 모습은 자꾸 멋지게 그려져요. 그리고 막 좋아지는 것 있죠. 우리 집 할머니 같고, 또 어떤 때는 친한 친구 같고 etc…

　선생님만 생각하면 마음이 푸근해져요. 저도 남한테 그렇게 느껴질 수 있는 사람이 될 수 있을까요?

　그리고 선생님? 졸업반이라 그런지 요사이 중매가 쇄도해요. 지금은 괜찮지만, 처음은 너무 이상하고 이방인이 된 것 같아 막 울었지 뭐예요. 우리 엄마 아빠는 저 때문에 많이 싸우셨어요. 아빠는 공부 잘하는데 정신 산란하게 중매니 뭐니 해서 울게 했다나요. 그래서 엄마가 많은 꾸지람을 들으셨대요.

　선생님 웃기지요? 지금 생각하니 아무것도 아닌데 왜 그리 법석을 떨었는지 제가 생각해도 한심해요.

　선생님 항상 행복하시고 건강하세요.

　안녕히 계세요.

　　　　　　　　　　　　　　　　　　한양대학교 용정희 올림

매우 매우 뵙고 싶은 엄마께
_Paris 24. 9. 1986

그동안 안녕하셨겠지요. 저도 물론 잘 먹고 잘 있어요. 매일 밤 안 걸으실 것을 뻔히 알면서도 자꾸 엄마 전화만 기다려지네요. 아무 일도 없는데도 괜히 걱정되고 겁나고 절망적이고 그러네요. 물론 오직 전진만 생각하는 방향으로 나가는데도 한국 애들이 2차로는 어디를 생각해 놨는 둥…… 생각해 둬야 하는 둥, 게다가 내 방 위층에 있는 Harpe하는 애는 마냥 잘 치는 것 같고……

또 애들이 그러는데 만약 수준이 똑같이 잘 치면 더 젊은 애를 뽑는대요!

여하간 그렇게 지내는 중이에요. 이번에는 시험 치는 한국 애는 저랑 다 저 또래 애들인데 Violin 한 명, Piano 두 명이에요. 그리고 예고 졸업한 Flute가 새로 왔는데 벌써 Ecole Normale에 시험 보고 5학년에 들어갔어요. 또 그 외에도 예고 중퇴해서 왔고 또 Violin 하는 애도 오고 66년생인 언니도 하나 있어요(Piano).

저는 물론 끼니 주는 대로 잘 먹고 있어요. 시험 곡은 제 딴에는 열심히 하고 있어요. Etude는 웬만큼 된 것 같고 prelude랑 Sicilienne는 좀 힘이 들어요. 팔, 어깨가 끊어지려고 해서 처음부터 끝까지 한 번에 치기가 어려워요.

제발 시험이 잘 돼서 빨리 집에 가고 싶어요. 확실히 화란의 Wassenar가 천당이에요. 엄마 말씀대로 '숲속에 잠자는 공주'가 살고 있는 천국 같은 마을이에요.

  게다가 그 넓은 정원을 운하가 둘러싸고 있고 그 운하 위엔 늘 백조가 놀고 있지요… 어느 그림보다도 더 아름다운 우리 집이에요.

  참! 엄마는 Donemus Amsterdam에서 책 빌려오신 것 돌려주셨어요? 아마 4주가 훨씬 넘었을 텐데요….

  저는 요즘 며칠째 이 기숙사 대문을 한 번도 나가지 않았어요. 나가기도 싫고 안 그래도 시간이 모자라요. 쉬면서 연습하다 보면 시간 다 가고 내가 Flute처럼 쉽게 운반하는 악기라면 밤에도 Salon이나 어디 지하실 구석 얻어서 연습할 수 있는데…

  엄마! 지금은 막 비가 오고 있어요.

  정말 집에 가고 싶네요.

  그럼 몸 건강히 지내세요.

Paris에서 막내딸 준영 올림

이 선생님!
_1986. 9. 26

  목마를 때쯤 선생님 엽서를 받았어요. 방학이 되어 쉬어 보나 했더니 미국에서 Texas 동생이 왔고 정신없이 지내다 Buffalo에 사는 언니가 암 재발이 되어 선고를 받았다는 소식을 듣고 그 이후엔 매일 울며 보냅니다. 그래 동생도 예정보다 일찍 돌아갔고 저도 수속을 시작하고 있습니다.

  누구도 위로할 수 없는 일이고 인생을 정리하며 지낼 때가 다가옴을 다른 사람을 통해 깨우치고 늙는다는 것에 머리 숙여 다소곳이 조용히 지내야겠다고 마음먹었지요. 다만 언니가 너무 짧게 사는 것이 너무나 안타까운 일이군요.

  일상사에 충실하려니 음악적인 생활을 뒤로 밀린 듯하고 방학 동안만이라도 음악 관계 일은 피하고 싶을 만큼 제가 사는 사회에 피곤을 느낍니다.

  매사에 무리 않고 조금씩만 발전하며 살다가 다 못한 것을 다음의 누가 대신하며 사는 것이 세상사라 생각하렵니다. 음악회도 안 다니고 방학 때라 선생님들도 안 만나고 이러고 있다 점점 소외될지도 모른다는 불안이 도사리고 있지만 김자효의 마누라로 살고픈 마음이 더 생깁니다.

  하는 일에 욕심이 없어지는 것은 어떤 면으로는 퇴보도 되겠지요? 그러나 자꾸 게을러져 가는 것이 나이 들어가는 탓인가 봐요.

이 선생님 서울 얘기는 제가 이렇게 지내니 별로 얘깃거리가 없고 권명자 선생을 공항에서 우연히 만났는데 배가 꽤 나와 천천히 걷는 걸 봤으나 연락은 별로 없이 지냅니다.

저는 수속이 되면 곧바로 미국에 다녀와야겠고 그때까지만이라도 언니가 덜 아프고 연장을 해 주길 바랄 뿐이에요.

이 편지 쓰고 또 두 달이 가까워 오는군요. 게으르고 바쁘니 힘들 뿐입니다.

요즘은 높고 푸른 한국의 기분 좋은 하늘을 느끼게 하는 가을입니다. 아시안 게임에 모두 미쳐 돌아가고 있지요.

저는 올해는 연주생활 없이 조용히 지내니 몸도 마음도 차분하고 좋은데 인생에 많은 회의를 가집니다. 선생님이 계실 땐 연주로 매일 바쁘더니 요새는 한가로와 선생님이 무척 그립습니다. 그리고 선생님과 여러 가지 의논하고 기대고 싶은데 안 계시니 거리가 너무 멀군요. 왜 이렇게 저는 가까운 사람들은 멀리 계시는지 전화 값이(미국에 거느라고) 너무 많이 나와 선생님께는 못 걸겠어요.

여러 얘기들 선생님과 나누고 싶고 세상사 실컷 욕이나 했으면 하는데 왜 선생님은 그곳에 있나요?

대사님께 잘하시고 가끔 소식 주세요. 저도 자주 못 쓰지만 저는 매일 선생님 생각하고 지냅니다. 안녕히 계세요.

대사님께 안부 전해 주십시오.

강영희 드림

매우 사랑하는 나의 엄마
_Paris le 30, Sept 86

그간 안녕하셨는지요… 저도 물론 잘 있어요… 있기야 잘 있지만, 머릿속이 복잡해서 빠개질 것 같군요….

연습 도중에 좀 쉴 겸 쓰는 거예요. 저는 어제 Lesson 잘 다녀 왔어요.

Gare de L'est에서 표 파는 데 찾느라 등신처럼 헤맨 것 빼고는 잘 débrouiller해서 찾아갔지요. 마침 기차에 같은 곳에서 갈아타는 여자가 있어서 별문제 없었어요. 그래서 11시에 선생님 집 대문 앞에 도착해서 다시 좀 그 집 앞뒤를 거닐면서 산책을 했지요. Chocolat와 빵을 가져가서 걸으면서 먹었어요. 아침도 못 먹었어요. … 마침 선생님이 레슨 중이어서 들어가서도 5분은 기다렸어요. 선생님도 남편도 친절하게 대해 주셨고 레슨은 한 시간 동안에 4곡을 다 했지요.

Etude는 Fingering만 좀 고쳐주고, Sonate en Fa Majeur는 군데군데 더 쉽고 예쁘게 칠 수 있도록 해 주고, Prokofieff는 그런대로 괜찮았어요. Sicilienne가 좀 느리다고 했고… 하여간 위로인지 모르지만 어쩌면 될 수 있겠대요(1차에는). 그리고 남편이랑 얘기하는데 제 음악성은 아주 좋다고 하더군요. 그러면서 내가 합격하면 더 좋고 또 안 돼도 둘이서 Technic 공부하고 15일마다 알차게

programme 짜서 공부하자고 했어요.

어쨌든 lesson은 잘 받았어요. 그리하야 기숙사에 오니 1시 30분이 돼서 점심을 얻어먹고(찌꺼기지만, 너무 배가 고파서 꿀맛이었어요), 쉬다가 엄마 전화 받은 거예요. 언니가 보내 준 것도 받고 엄마랑 언니랑 나온 화란의 Elegance 잡지도 잘 받았어요. 우리보다 엄마 얼굴이 더 예쁘게 나왔어요.

참, lesson때 선생님 말씀이 시험 때는 깨끗하고 또렷하게 치는 게 중요하대요. 또 남편이랑 셋이서 얘기 많이 했어요.

선생님이 남편에게 우리 아빠가 화란 주재 한국대사라고 강조하시더군요.

엄마! 그런데 déchiffrage(초견)가 걱정이에요. 꽤 어려운 현대곡을 준다는데…

재미있는 얘기할게요. 토요일과 일요일은 기숙사에서 밥을 안 주어요. 그래서 저랑 은숙(Flute)이랑 또 예고 새로운 애 윤선(Flute)이랑 재원(작년에 시험 보고 떨어짐)이랑 넷이서 해 먹기로 했는데 토요일 점심은 밥해서 은숙이 장조림+오징어+고추장+피클 해서 먹었어요. 정말 꿀맛이었어요. 또 저녁은 한 애가 자기 고모가 여기 사는데 가서 해 먹자고 해서 나가서 셋이서 먹었어요. 고모 댁에서 셋이서 spagetti 해 먹었어요.

일요일에는 은숙이가 한국 오뚜기 크림 수프가 있어서 해 먹고 baguette 사다가 먹었지요. 윤선이란 애도 깻잎 통조림 김치 다시다… 등등 안 갖고 온 게 없어요…

어제는 위층에 있는 Lisa 방에 가서 같이 얘기했는데(레슨 받는 얘기) 참 마음이 조금은 가벼워서 내려왔어요. 자기도 작년에

Conservatoire 입학했는데(17세) 테크닉도 별로 안 좋다면서(겸손한 애예요) 음악성으로 뽑았을지도 모른다면서 제가 테크닉이 별로라고 했더니 그러더군요. 그리고 열다섯짜리 애는 연습도 매일 별로 안 하는데도 테크닉이 좋다고 하는데 그건 그리 좋은 칭찬이 아니래요. 왜냐하면, 음악성은 가르쳐 주는 것도 아니고. 걔는 정말 기계처럼 치거든요. 우린 치기 전에 좀 warm-up 해야 해요. 그런데 걔는 앉자마자 Prokofieff 같은 곡을 확-쳐대고… 그래서 좀 얘기하다가 왔지요.

그리고 저는 madame Phia Berghout에게도 상세한 편지 썼어요. 다른 사람들에게는 편지 쓰고 싶지 않네요. 마음이 편치 않은 탓인가 봐요. 화란에선 TV도 재미있다는데 저는 초조하고 불안해서 못 보겠어요. 10월 3일까지 1차 곡을 완벽히 해 놓고 2차 곡을 연습해야 해요. 그래서 방 안에서 책만 보고 Harp만 하곤…해요. 음악 이론 책을 봐야 하는데… 매일 샤워하고 방 청소하고….

이번에는 시험 보는 한국 애가 참 많아요. piano가 둘이고 Violin이 둘, Cello도 있고 제가 있고… 내 친구 선영이도 작곡 공부한다더니 piano로 Ecole Normale 간대요. 작곡이 너무너무 힘들다고!!!

그럼 이만 줄일게요. 늘 건강하게 지나시고 안녕히 계세요. 그리고 Paris에서 필요한 것 있으시면 말씀하세요.

Foyer musical에서 막내딸 준 올림

선생님 보세요
_1986년 9월 30일

…

아이구… 세월이 빠르지… 어느새 가을이 되어 버렸고, 이러다 제 머리에 흰 머리가 나기 시작하는 건 아닐까… 하는 걱정조차 생겨요(?)

선생님 안녕하시지요? 어제는 난이 편지 받았는데 한동안 연락 못 드렸다는 생각이 들었어요.

요즈음은 Quintet(fl. cla. guitar. vln. and bass) 쓰고 있어요. 여름에 노래 하나, fanfare 하나 썼고요. 이곳 선생님(작년과 다른 분) 너무너무 좋아요. 할아버진데-늙은 남자 천사!

참 Douglas라고 하는 San Francisco에 사는 guitarist가 선생님 주소 물어 오길래 줬어요. ISKRA라는 group인데 내년 1월에 한국 곡만 연주한대요. 9월 초에 백병동 선생님을 비롯해서 강석희, 김병곤, 윤이상 Eaal Kim 그리고 김지희라는 서울대 국악과 출신 젊은 여자, 황병기 선생님 작품이 연주되었어요. Tape 하나 얻었는데 다 좋았어요. 선생님께도 작품 위촉하고 싶은 모양이에요. 아마 곧 편지가 갈 거예요. 그리고 여성 작곡가회에도 자기네 선전(?) 좀 하고 싶어 하는데, 저는 주소도 모르니까 선생님께 여쭤보라 했어요. 선생님 바쁘신데 귀찮은 일인지… 잘 모르겠으나 ISKRA 사람들 다 학벌(?) 좋고 열심히 하는 연주자 group인 것 같아요. 제가 S.F서 잠깐 학교 다닐 때 Douglas도 그곳 학생이었는데, 제가 선생님 제자라니까 주소를 물어봤나 봐요.

저는 그냥 바빠요. 정신없이⋯ 이런 게 사는 건가? 싶을 때도 많아요. 건강하게 열심히 사는 것이 축복이려니 생각하면 감사한 마음도 생기고요.

오늘 lesson 때 선생님께서 시간이나 마디 수로 작품의 길이를 정하지 말고 좋은 작곡자가 되려면 자신의 귀가 정확한 판단을 내려야 하는데, 한 마디 길어지면 너무 많고, 한 마디 모자라는 건 not enough 하대요. 이 선생님 말씀을 레슨 끝나면 note book에 항상 정리하곤 하는데, 배우는 게 많아요.

선생님, 건강하시구요. 또 연락드릴게요. 두서가 없이 되었어요.

효신 드림

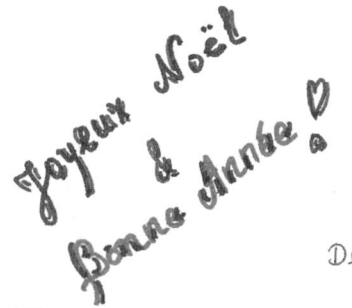

Dec 23, 1987

사랑하는 엄마께,

Here's hoping that your holidays
Bring all the season's best,
And may the coming year be filled
With all that's happiest.

Paris에서 맞으시는 성탄절이 뜻 깊게, 즐겁게, 행복하게 지내시길 빌어요. 아슬아슬하게 온가족과 X-man을 지나게 됐거요? (스콜 만점?) 새해에도 건강하시고 복 더욱더 많이 받으세요. 그리고 엄마께서 원하시는것이 모두 이루어지길 빌어요. 제 선물이 무척 약소하지만 정성으로 받아주세요⋯ love, 은이올림.

III. Keukenhof 꽃밭에서 꿈꾸다

선생님!
_1986. 10. 4.

그동안 안녕하셨어요?

저희는 선생님 덕분에 이곳 Köln에 잘 도착했습니다. 대사님께서도 안녕하시고요.

얼마나 뵙고 싶었던 선생님이었던지 시험 발표 나고 바로 선생님 바쁘신 것을 알면서 어린아이같이 전화 드려 바로 다음 날 달려간 것이지요.

주말을 저희 때문에 쉬지도 못하시고, 언제나 어머님 같으신 선생님께 정말 감사드려요. 여러 가지로 좋은 추억과 함께 선생님께서 가까운 곳에 계신다는 생각에 왠지 마음이 푸근하고 든든한 것 같아요. 그리고 선생님께서 들려주신 좋으신 말씀들 '삶의 태도' 그리고 진정한 예술인이 가져야 하는 '정신의 혼'과 태도에 대해 다시 한번 깊이 생각하고 느낀 바가 많았답니다. "이제 다시 시작이다."라는 자세로 열심히 노력하리라 마음먹고 있습니다.

제가 독일에 올 때 처음에 가졌던 마음속의 다짐을 잊지 않으려고 그때를 잊지 않고 생각한답니다. 마음이 무겁고 어려울 때면 부모님 생각과 처음에 이곳에 왔을 때를 생각하면 지금의 어려운 것들이 아무것도 아니라는 자신감이 생기고는 했지요.

선생님!

가을 하늘의 구름이 높이 떠 있습니다. 외국에 나오니 하루하루가 가속도가 붙은 것처럼 빨리 지나가는지 모르겠어요. 더욱 열심히 값지게 살아가라고 더욱 그렇게 느껴지는 것 같습니다.

열심히 노력하는 난이 씨에게도 안부 인사 전합니다. 그리고 경자 씨께도 건강의 인사를 함께 전하고요.

선생님! 자주 편지 연락 드릴게요.

건강하세요.

제자 선화 올림

어떻게 써야
_1986. 10.

어떻게 써야 선생님에 대한 저의 경모함이 한치 더함도 없이 덜함도 없이 전달될 수 있을까요?

어떻게 그려야 제 마음의 갈등을 그대로 화폭에 담을 수 있을까요?

하늘을 향해 한 점 부끄러움이 없이 산다는 것! 남을 해하지 않고, 욕하지 않고, 그 탓으로 돌리지 않고, 자기의 길을 묵묵히 걷기란 얼마나 어려운 일인가요.

선생님 앞에 서면 항상 발가벗겨져 있는 자신을 느낍니다. 선생님은 저의 거울이십니다. 제 마음을 투명하게 들여다볼 수 있는 거울이십니다.

감히-

선생님 앞에 모습을 드러낼 수가 없었어요. 겁이 났었어요.

하지만 이제 깊고도 넓은 수렁에서 온갖 사투 끝에 뭍에 몸을 끌어올린 것과 같은 심정으로 펜을 듭니다.

이제 고뇌에 가득 차 불안에 떨고 있는 이 가련한 선생님의 자식은 마지막 용기를 부여잡고 거울 대 앞에 서렵니다.

선생님 또한 단순히 내 비춰기만 하는 거울이 아니라, 피부 깊숙이까지도 시리도록 드러내 보이는 거울만이 아니라, 여러 겹의 티끌과 얼룩까지도 말끔히 정화될 수밖에 없는 그런 거울이십니다.

부디 병들어 고름 터진 세포의 낱낱마다 선생님의 빛을 내려 주십시오.

가을이 머물다 간 강변에는 덩그러니 그리움만 남아있습니다. 추위를 워낙 타시는 선생님 체질에 화란은 너무 북쪽에 붙어있는 것 같군요.

대사님, 준영이 등 식구들 모두 건강하기를 빌며 아울러 안부 전합니다.

고국에서 제자 최 철 올림

선생님! 주님의 사랑을 듬뿍 전합니다.
한 대사님의 그 신과 인자하심, 큰 따님·작은따님·
준영이가 보여준 따뜻한 정성은 늘 저에게
커다란 힘이 되어줍니다.

평창의 큰 은덕을 갚는 길이
훌륭한 작곡가가 되는 길임을 가슴에 새기고
한해를 보내는 이시간 다시한번 마음을 여밉니다.

건강하시구요,
'94년에는 선생님께서 기뻐하실 일들
많이 만들도록 노력하겠읍니다.

'93년을 보내며.
최 철 올림

이 선생님
_1986. 10. 16.

제가 먼저 인사드리려고 했는데 선생님 글을 받고 보니 송구스럽습니다.

그곳 생활을 즐기고 계신 듯하여 반갑고 부럽습니다. 저희는 개학하자 곧 휴교에 들어간 셈이어서 이번 학기는 모든 일이 비능률적일 것 같습니다. 여작 일은 11월 17일에 7곡으로 연주회를 가질 예정입니다. 이번에는 13곡이 응모되었습니다. 작품 선정하던 날에는 제가 감기 들어서 참석지 못했었지만, 그런대로 관심의 대상이 되어 가며 안정되어 가는 느낌이 드는 데 선생님이 안 계시니까 모든 일이 자신을 갖기 힘들고 불안합니다. 휴교 중에는 못된 감기 때문에 고생하며 지냈고, 아직도 기침 중이어서 이제는 전처럼 건강하지 못한 것에 대한 불안도 있습니다. (지난 1학기에 아팠던 것은 이제 회복되었습니다.)

학교의 연구소 일은 지난 학기에는 제 건강 문제로, 이번 학기에는 개인적인 일로 인해 잠시 손을 떼었고, 금년 겨울방학에나 새롭게 제 일을 일구어 보려고 생각 중입니다. 학교는 이여진 박사가 과장이 되어 작곡과의 일들은 조금씩 정돈되어 가고 있습니다. 건강하시고 즐거운 시간 보내시기 빕니다.

경선 올림

사랑하는 아빠 엄마께
_1986. 11.

결혼기념일에 보낸 소포 받으셨어요? 무척 궁금하고 걱정이 되네요. 또 제 편지도 꼬박 잘 받고 계시겠지요? 난이 언니도 그 Messiaen Project를 잘 해냈으니 참 기뻐요.

전 화요일에 레슨 잘 다녀왔어요. 그날 저녁에 또 Sainte-Cécile이라고 기숙사 파티를 했어요. 레슨 할 때는 손가락 다 고쳤다고 좋아하시고 또 연습 많이 한 것 같다고도 하시고, 또 자기가 저에겐 épouvantable 하대요. 숙제도 많이 주었어요. 인형도, 레슨비도 다 잊지 않고 주고 왔어요.

다음 레슨은 12월 4일이어서 요즘 연습하고 있어요.

또 Damase의 étude 1권을 사서 또 75FF이라는 거금이 또 들어갔어요.

화요일의 파티는 재미있었어요. 한국 애들은 '나의 살던 고향'과 '등대'를 불렀어요. 무용도 하고, 현악 4중주도 있고, 중국 애들은 노래하고 한 애가 가야금 solo하고… 수녀들이 참 즐거워하고 또 사진도 막 찍었어요. 파티를 식당에서 했는데 불은 다 끄고 촛불만 켜서 분위기가 좋았어요.

그래서 그 파티 이후로는 고기도 못 먹었어요. 돈이 많이 빵꾸가 났는지 매일 계란만 주고 오늘 점심에 오래간만에 생선튀김이 나왔어요.

저는 은숙이랑 마음이 맞는 때가 많아요. 저하고 해 먹는 식이 비슷해요. 라면 끓여 먹고 밥도 해서 말아 먹고, 또는 밥 많이 하고 라면 하나 삶아서 수프로 먹고, 또 밥만 해서 볶은 고추장에 비벼 먹고…

엄마, 저 화란에 가면 빈 카세트테이프 사야겠어요. 정말 여기는 너무 비싸요.

지난 lesson 갔을 때 선생님이 화란 갈 때 악기 어떻게 하냐고 해서 고민이라고 얘기했더니 한 15일간이면 악기 빌릴 수 있을 거래요. 자기 제자가 하나 화란 앤데 그 애 전화번호를 줄 테니 물어보래요. 저는 화란에 갈 때 Solfège 책을 좀 사 가서 난이 언니한테 가르쳐달라고 해야겠어요.

3주일 후에 뵙겠어요.

paris에서 막내딸 준영 올림

이영자 선생님께
_1986

선생님 그동안 안녕하셨어요? 대사님께서도 안녕하시겠지요?

너무 오랫동안 소식 못 드려 죄송해요. 제가 결혼하고 동시에 이곳 로체스타에 온 지도 벌써 1년이 되었으니 세월이 참 빠르지요?

저는 그동안에는 집에만 있다가 이번 여름부터 이곳 Eastman음대에서 Samuel Adler라는 선생님께 작곡을 배우고 있어요. 그런데 Adler 선생님의 가르치시는 방법이 선생님께 배웠던 스타일과 비슷하여 Adler씨를 볼 때마다 선생님을 생각하곤 해요. 어쨌든 새로이 레슨을 시작한 이후로는 무척 바쁘고 정신없으면서도 보람 있는 나날을 보내고 있답니다.

선생님께서도 무척 바쁘시겠지요. 부디 항상 젊으시고 멋쟁이이신 모습 그대로 간직하시길 먼 곳에서나마 빌게요.

홍나미 드림

Paris, le 21 Mars 1990
10-16, Rue Thibaud
75014- PARIS

Chère Madame,

선생님께
_le 3 Dec'86

BXL 무사히 도착했어요. 조금 무섭기는 했지만 한가하고 조용해서 좋았어요. 기차 기다리는 동안 대합실(?) 자동판매기에서 파는 Chocolate 모양대로 빼서 꾸역꾸역 먹고 돈만 먹고 안 나와서 막 욕하고 하면서 시간 보냈지요. 여권 검사할까 봐 간이 콩알만 했는데, 여권은커녕 기차표조차도 조사를 안 했어요. 도착하니 초인종 사이에 쪽지가 주르륵…

월요일 lesson 선생님은 더 일찍 오라고 편지하셨고, 자는 둥 마는 둥 갔다 왔지요. Miss 한 행방불명되었다고 또 야단이었고… 무관심도 섭섭하지만 지나친 관심도…

무용하는 후배가 2월 호 '춤(서울서 나오는 무용 잡지)에 글을 하나 내야 하는데 며칠 전에 본 무용 발표한 작품에 관해서 쓰겠다고 program 속의 설명(앙드레 말로의 작품)'을 저 보고 해석하라고 갖다 놓고 갔어요. 참!!

제 주제에 앙드레 말로의 해석이라니……

제 강아지 '쩨리'는 아직 눈을 못 떴고 귀도 막혔어요. 꽉!! 전체 길이가 12cm 정도밖에 안 돼서 꼭 쥐새끼 같아요. '찍찍'거리고.

Holland 사람들이 즐겨 먹는 청어! 오늘 먹었어요. 낮에 일본 식당에 갔는데 밥 먹기 전에 조금 줬는데 맛 괜찮았어요. 뒷맛이 오래도록 안 가셔서 좀 그랬지만……

 선생님 2월 party는 무사히 치르셨는지요. 도와드리지 못하고 와서 죄송!!

 사실은 있어 봤댔자 거추장스러웠을 거예요.

 또 편지 드릴게요. 건강하세요.

 *오늘이 엄마 생신이셨는데 전화도 못 드렸어요.

혜리 드림

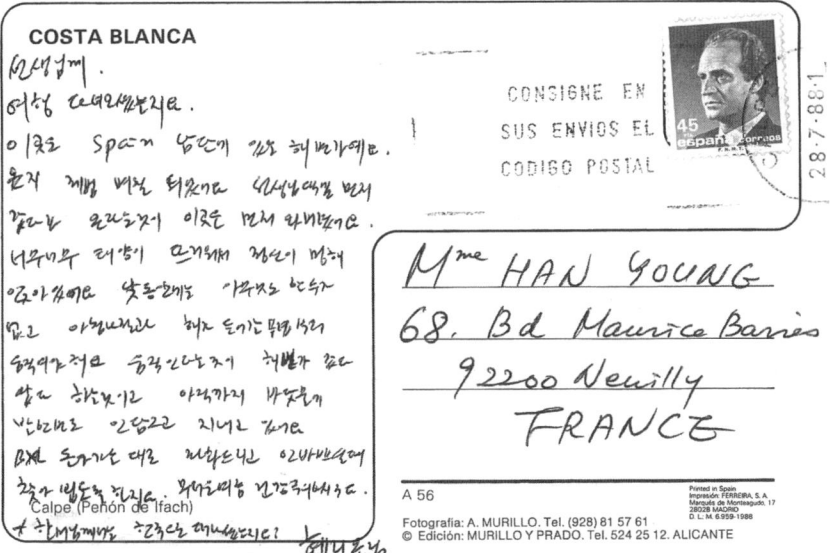

언니에게
_1986. 12. 4.

한 대사님을 비롯하여 가내 모두 평안하시리라 믿습니다.
저의 식구들도 변함없이 모두 잘 있습니다. 일전에 작은 오빠 편에 보내 주신 스웨터는 가볍고 예뻐 언니 말씀대로 골프 할 때 잘 입어요. 보는 사람마다 우리 큰 시누님이 짜서 보냈다고 자랑하지요. 하여간 언니는 대단하신 분이에요. 여러 가지로, 나는 항상 언니를 존경하고 부러워한답니다.
12월 2일 자로 신문에 실린 것 보냅니다. 축하합니다. 대한민국 작곡상을 받으셔 우리 가문을 더욱더 빛내 주신 것 같습니다. 막내 준영이도 파리에서 혼자 공부하고 있다니 신통하고 기특하기만 합니다. 언니는 복도 많아 아이들이 모두 공부를 잘해서 속 하나 안 상하고 좋은 학교에 입학하니 얼마나 좋으시겠어요. 요사이 난이는 무엇을 하고 있는지요.
재승이와 주연이는 11월 20일 시험을 무사히 치렀답니다. 하지만 자기들이 기대한 만큼 점수가 안 나온 것 같아 속이 상했지만, 학교 입학에는 아무 지장 없을 것 같아요. 저는 두 번째고 해서 재상이 때보다는 괜찮지만, 큰 엄마는 실망이 좀 컸던 것 같아요. 첫 아이 때는 항상 기대가 큰 것 아니겠어요.
작은 오빠 말에 의하면 언니 계신 곳이 지상에서 낙원이라고 하던데요. 계실 동안 골프나 좀 배우고 건강관리 잘하시도록 하세요.

아무쪼록 재미있게 잘 살다 오세요.

부처 주신 재상이 스웨터 잘 받았어요. 재상이가 별도로 편지한 답니다.

저도 재주가 있으면 언니 것 짜 드릴 텐데(하하하).

급한 대로 두서없이 쓴 편지 용서하세요.

재상 모 올림

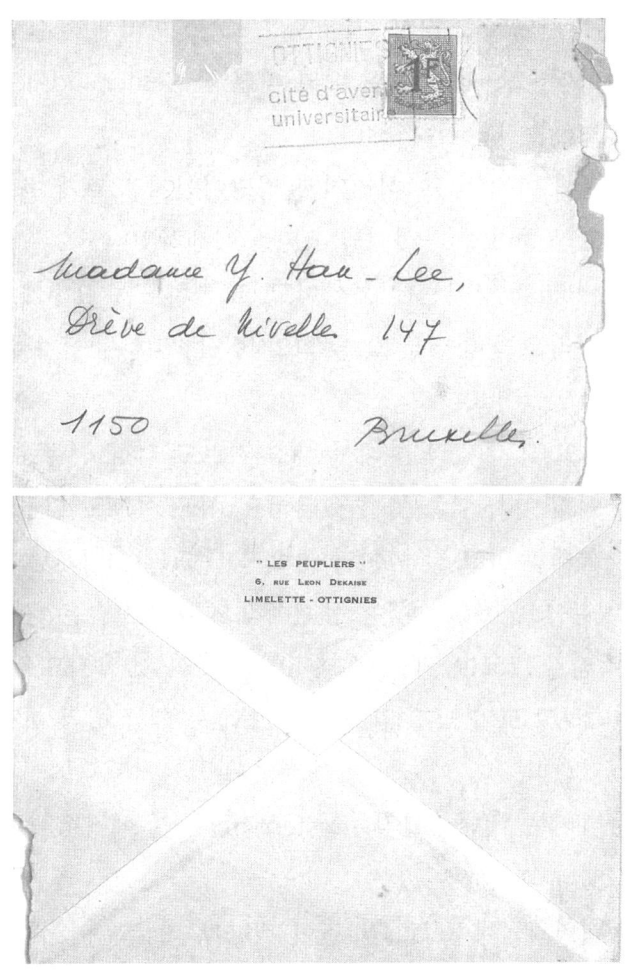

그동안 안녕하셨는지요?
_1986. 12.

지난번 전화통화로 목소리 들으니 어찌나 반가운지요. 여전히 건강하신 것 같아(목소리가 큰 것으로 보아) 한국에 계실 때의 모습이 생각나더군요. 여기 계실 때의 빼신 살 Netherland에서 도로 찌시지 않으셨는지 궁금하군요.

저는 요새 아기 낳고, 허리인지 엉덩이인지 모르게 몸이 두리뭉실해서 고민 중이에요. 선생님 고민을 이해하겠더군요.

애는 3.8kg을 낳았는데 초산이고, 노산치고는 그렇게 고생하지 않은 것이라고들 하더군요. 낮, 12시쯤 병원에 들어가서 밤 10시 21분경에 낳았어요.

아침 먹고 오지 말라고 해서 아침 거르고 점심도 걸렀더니 나중에 기운이 없어서 힘을 못 주겠더군요. 하도 아프고 힘들어서 의사더러 수술해 달라고 몇 번이나 졸랐지요. 그때 생각하면 다시는 못 낳을 것 같아요. 아기 이름은 동현이라 지었고 모습은 꼭 아빠 닮았어요. 머리가 크고(아기 아빠 별명이 짱구인 것 아세요?) 팔다리가 길쭉길쭉하고 코가 크고 입도 크고 그래요. 지금 벌써 백일 된 아이처럼 크답니다.

동현 아빠는 내년 5월경 Amsterdam에 갈 예정이 있으시대요. AK 20 group과 상담이 있으시대요.

저는 내년 4월에 Recital을 잡아 봤는데 지금 같아서는 할 수 있을 것 같지 않군요. 아기 젖 먹이느라고 젖을 짜고 난리를 쳤더니 손 마디며 팔목이며 전부 시큰거려서 요즘 거의 손을 안 쓰도록 노력하고 따뜻한 물로 찜질을 자꾸 하고 있어요. Festival Ensemble은 박은희 선생님이 열심히 하시는 덕에 잘 꾸려져 나가는 것 같아요. 이상열 씨가 옆에서 열심히 도와주는 것 같고요. 준영이가 편지했더군요. 워낙 열심히 하고 음악성이 있는 아이라 별로 걱정 안 하셔도 될 거예요. 그럼 두서없는 글 이만 줄입니다.

   건강에 유의하시고 안녕히 계세요.

권명자

"LES PEUPLIERS"
6, RUE LEON DEKAISE
LIMELETTE (BRABANT)
010/626.95

Le 20 VI 72
Dans le train entre
Bruxelles et Paris.

Chère Young,

Puisque votre téléphone est coupé, je vous écris ces quelques mots pour vous dire que le Conservatoire est fermé lundi à cause du concours de Fugue. Je n'ai donc pas cours. Voulez-vous bien prendre le train à la gare du Quartier Léopold (Luxembourg) vers 17h.22, ou même 16h.17, omnibus vers Limelette. Donnez-moi encore un petit coup de téléphone dimanche ou lundi pour me dire quand vous arrivez, vous voulez bien?

N'oubliez pas vos chemises de nuit, Heany et vous. Mais n'apportez rien d'autre, je vous en supplie!! Vous nous avez déjà bien trop gâtés ainsi... Mon mari et moi vous remercions encore de tout cœur pour vos somptueux cadeaux. Pour toute vos gentillesses.

A très bientôt! Je vous embrasse   Jacqueline
ainsi que Heany

선생님! 선생님!
_1986.

생신 Card 보내 드리고 선생님 엽서 받고 미루다 미루다 이제야 X-mas card를 쓰게 되었어요. 우선 「대한민국 작곡상」 받으시게 되신데 축하드려요. 계셨으면 모두에게 한턱을 내셨을 텐데요. 지난여름에는 시부모님 모시고 윤형 아빠 운전하고 포니 차 타고 설악산까지 다녀왔어요.

그래도 포니 I은 탄탄한 것 같아요. 그러더니 추워지니까 이곳저곳 손 볼 곳이 생기는군요. 저희는 내년 말(1987년)경에 함부르크 쪽으로 가게 될 것 같아요. 미국으로 가기를 저는 바랐지만, 윤형 아빠에게는 그쪽이 더 낫다는군요. Ligetti가 있다는데 글쎄 어떨지 모르겠고 아이 데리고 가능할지도…

여성작곡가회는 성대히 끝났고, 1회 세미나도 백병동 선생님께서 좋으신 말씀 많이 주셨어요.

한 대사님, 난이, 은미, 준영이 모두 다 안녕하시지요. 난이는 어떻게 지내는지요. 박사 과정에 들어갔는지. 그곳도 연말이 되셔서 party도 많으시고 하실 일도 많으시고 정신없으시겠군요. 금강산 댐에 대응하는 평화의 댐 공사에 성금을 모집한다는군요. 오늘만 두 방송국에서 60억가량 모금했대요. 언제 그 공사비를 다 모으려는지요. 정말 이북만 없으면 우리나라는 살기 좋을 텐데요. 답답한 일이어요.

11월 28일에는 김영의 선생님 영결식이 있었어요. 이철경 선생님께서 조사를 읽으시고 많은 교수님이 우셨지요.

지금 토요일 밤이에요. 윤형이 아빠는 학회 회의가 있어서 1박 2일로 부산에 갔고 윤형이는 조금 전 잠이 들었어요. 모처럼 한가로이 앉아서 주절주절 선생님께 넋두리하였군요. 독일 가면 선생님 계신 곳에 꼭 들르고 싶어요. 받아 주시겠지요? 지난해 선생님 방에 card로 도배(?)하시고 "조성희는 card 안 보냈지?" 하시던 생각이 나는군요. 내일 card 사고 사진 몇 장 현상하여 같이 보낼게요.

선생님 건강하세요.

열! 정! 제가 언젠가 선생님께 card 띄울 때 올해는 선생님의 열과 정이 담긴 작품이 나오시길 빌겠어요 했었는데 정말 기막힌 열정 Sonata예요.

항상 건강하세요. 추위에 몸조심하시고요.

조성희 올림

형님께 올립니다
_1986년 12월 18일

　먼저 큰 상을 받으신 형님께 축하드립니다. 누구보다도 어머니께서 얼마나 기뻐하셨는지 옆에서 뵙기도 즐거웠습니다.
　삼한 사온이 없어진 요즈음 서울 날씨는 봄날같이 따뜻해서 김장은 시었다고 야단이지만 한결 살기는 편합니다. 분명히 손도 멀쩡한데 편지 한 장 쓰지 못하고 연말까지 왔습니다. 아직 수양이 되지 못한 저에게는 아이 대학 입학시험이 너무 크게 자리 잡고 있었나 봅니다. 기껏해야 도시락 싸 주는 일밖에 엄마 노릇 한 것도 없었지만 무척 힘이 든 나날이었습니다. 아직은 발표가 되지 않았지만 만족할 만한 점수가 나올 것 같지 않습니다. 무척 열심히 했는데…
　가끔 걸어 주시는 전화 덕분에 모두 안녕하신지는 알고 있습니다만 은미 준영이도 방학이 되어 모처럼 온 가족이 함께 지내실 수 있으시겠군요. 대사님께도 곧 좋은 일이 있으실 거라는 소식 듣고 오늘은 온 가족이 신이 났습니다. 어제저녁은 윤정 아빠 생일이라 네 집이 모여 저녁 먹었습니다. 형님 안 계신 서울이야 조용하기만 해 어머니께서 무척 쓸쓸해 하십니다. 전 같으면 며칠마다 형님과 함께 외출하시고 외식하시고 하던 일이 많이 생각나시나 봅니다.
　참 인사가 늦었습니다. 아이들 스웨터 짜 보내 주신 것 감사합니다. 한 바늘 한 바늘 정성으로 짜 주신 선물을 얼마나 좋아하는지 모른답니다. 지연이는 보는 선생님마다 물어본다고 설명하기 바쁘답니다.

   저는 아무 선물도 보내지 않았습니다. 내년 1월 말이나 되어 봐야 제정신이 날 듯싶습니다.

   난이, 은미, 준영에게 따로 편지 못 쓰고 두서없이 줄입니다. 새해에도 기쁜 일만 있으시고 난이에게도 마음에 드는 멋진 신랑감이 생겼으면 하고 멀리서 기도합니다.

   내내 건강하십시오.

   P. S. 다시 한번 대한민국 작곡상 타신 것 축하드립니다.

재승 모 올림

chère 존경 컴은 선생님께 2019 대림절에

Happy Holidays

*무한히 음악적인
커다란 화환을 앙케타에
선생님께 보내드립니다.
끊임없는 음악에 대한 열정과
헌신으로 나의 늘 자꾸로 감수시는
선생님께 사랑과 존경 드리며
새해에도!
긴 세월 변함없는 사랑 감사
드림 쾌하여   신수정
                   신수정 올림*

큰고모
_1986. 12. 20. 0시 45분

　서울에는 오늘 첫눈이 조금 내렸습니다. 그동안 화란에서 안녕히 지내셨는지요. 보내 주신 스웨터 잘 받았습니다. Sweat의 흔적이 많이 보이더군요. 감사합니다.

　그런데 고모는 언제 그렇게 털실로 스웨터를 짜시는지요. 대사 부인 노릇도 퍽 힘들고 바쁘실 텐데… 감사합니다. 학교에 입고 가서 오리지널 피에르가르뎅인데 색상과 디자인이 올겨울 "Europe Fashion이다"라고 했더니 "좀 엉성하긴 해도" 하면서 그래도 믿더군요.

　학력고사 때문에 눈코 뜰 새 없이 지내다 보니 그동안 편지 한 장 못 썼습니다. 나름대로는 최선을 다해서 공부했고 또 최선을 다해서 시험을 치렀는데, 생각만큼 점수가 잘 나오지 않는 것 같아 좀 서운합니다. 며칠 후면 발표가 나는데 원래 목표했던 학과와 큰 차이는 없을 것 같지만 그래도 눈치를 좀 보면서 원서를 써야 할 것 같습니다. 다른 제2외국어에 비해서 불어가 무지무지하게 어려웠어요. 그 충격으로 불어 선생님이 그다음 날 결근을 하실 정도였으니까요.

　그래도 좋은 점수를 받아 다행입니다. 시험지 받아 들고나니까 난이 누나랑 준영이가 생각나더군요. 처음 배울 때 기초를 튼튼히 했던 것이 큰 도움이 되었습니다. 대학 학과로는 법대, Politics, Sociology, Anthropology(아버지가 추천) 중에서 한 군데를 골라야 할 것 같습니다.

학력고사가 끝났어요. 아직 논술 고사인지 놀(고)+술(마시는) 고사가 남아있어서 조금 신경이 쓰입니다. 결코, 무시할 수 없는 비중이 있기 때문에 요즈음은 그 공부 하랴, 못 잤던 잠 보충하랴, 음악 듣고, 테니스 치고 하면서 다시 바쁜 나날을 보내고 있습니다. 미팅도 나가야 하는데 요즈음은 통별 볼일이 없군요. 쓸쓸한 Christmas가 될까 봐 걱정입니다.

고모부와 난이 누나, 은미 누나, 준영에게도 모두 편지를 써야 하는데 너무 힘들어서 그냥 고모께만 보냅니다. 저 대신 모두에게 안부 전해주세요.

그럼 이만 줄이겠습니다. 안녕히 계십시오.

이재승 올림

P.S 새해 복 많이 받으세요.

저희는 엄마께서 좋아하실 선물을 고르느라고 매우 머리를 짰답니다. 지금 저희가 드리는 물건이 엄마 마음에 들기를 발어요. 엄마의 음악 세계인 지하실의 엑세사리로 놔 두세요. 그리고 언제 까지나 행복 하세요.

현재 한국에 있는 그 딸.
올림

예수님 탄생하신 날은
_'86. 12. 24.

예수님 탄생하신 날은 모든 사람에게 좋은 날!

이혼한 사촌 형네 주렁주렁 어린놈들 산타클로스가 되어 「탄일종이 땡땡땡」 「기쁘다 구주 오셨네」 노래, 춤 가르쳐 주며 유치원 선생 되었다가 늦은 시각 집에 돌아 와 보니 아! 이것이 무엇인가……

자기는 순전히 게으른 탓으로 제 때에 답장도 올리지 못하면서 이제나저제나 소식 올까 안달을 하던 차에 이렇게 그것도 예사 날도 아닌 날에 나를 반기니 오늘이야말로 정말 X-Mas이다!

먼저 86년 대한민국 작곡상 수상을 축하드립니다. 지하철에서 무료함을 달래려고 동아일보를 펴는 저에게 너무나 반가운 소식이 기다리고 있어 그 많은 승객 시선도 아랑곳없이 주먹을 움켜쥐며 탄성을 지르고 말았어요. 꼭 큰 상을 받으셨다는 그 자체보다는 제가 알고 있는 선생님의 훌륭함을 더욱 많은 사람이 느끼고 배울 기회가 점점 많아지는 것이 기쁘기만 합니다.

선생님의 문맥에서 어렴풋이나마 지난 86년이 선생님께 있어서 음악적으로 엄청난 발전이 있으신 것 같아 부러움 반 자책 반으로 편지를 다 읽었어요.

끊임없이 자신을 채찍질하는 선생님의 끝은 어디입니까. 저에게 그런 능력이 키워진다면 순전히 선생님의 다음 세대라는 행운만을 선생님의 음악을 올바로 알고 또 발전시키는데 전력을 다하고 싶어요, 제가 선생님을 처음 대하고 바로 「이분이다」하고 느낀 직접적인 이유가 그 음악을 향한 순수한, 그말로 순수한 열정 때문이었습니다.

자칫 연륜이 더하면 적당히 자기의 둘레를 치는 그런 권위적인 교수님이 아닌, 속없이도, 무참하게도 자기 자신을 채찍질하는 그 모습에서 저는 어떤 예술을 보았고 어떤 종교를 느꼈습니다.

그것은 이미 나이를 초월하고 속세의 이익을 넘어선 이상을 추구하는 한 인간의 거룩한 참모습이십니다.

언젠가 선생님께서 인간은 누구나가 양면성을 가지고 있는데 착한 사람이나 악한 사람이나 어느 한 면만이 강하게 드러난 것에 지나지 않는다고 말씀해 주셨어요. 지금 제 곁에 선생님이 계신다면 저의 온 정성을 다해 선생님의 모든 것을 배우려 애를 쓰련만…

가만히 생각해 보면 선생님이 제 곁에서 멀리 떠나신 것 그 자체가 어떤 운명의 신이 작용한 나의 한계가 아닌가 하는 생각이 들어요.

집에서의 모든 환경은 빨리 직업 전선에 뛰어들지 않으면 안 될 만큼 막다른 골목으로 치닫고 학교에서는 이런 문제로 선생님들과 의논할 수 있는 내 마음의 여유가 없습니다. 하지만 저에게 선생님이 계신다는 것, 누구보다도 훌륭한 인간의 모습을 저에게 보여 주신 선생님께서 저를 지켜보아 준다는 것! 그것만으로 내 인생은 살찌기 넉넉할 것이라 저는 믿어요.

이번 piano 곡을 쓸 때까지만 해도 크게 느끼지 못했는데 그 곡을 7개 악기의 실내악곡으로 다시 개작하면서 선생님이 쓰신 그 음이 왜 그 장소에 쓰였는지 왜 그곳에서 그런 음형이 전개되어야 했던지에 대한 예기치 않았던 커다란 의미들이 제 가슴 속에 새삼스럽게 파헤쳐 들어왔습니다. 그것은 정말 얼마만큼 큰 경외감이었는지요! …

모르지요.

세월이 흘러 연륜이 더욱 쌓여 이 곡을 다시 들여다보게 될 때면 또 어떤 커다란 의미를 깨닫게 되는지는….

지금은 예수님께서 태어나신 날이 바뀌고 02시를 지나고 있습니다.

이 장소는 집 앞 Café!

흥분을 이기지 못해 이곳에 와 맥주 몇 병을 시켜놓고 저는 선생님과 X-mas를 보내고 있습니다.

작년 이날!

선생님 댁에 가고프면서도 가난하고 보잘것없는 이 못난 놈한테까지 선생님의 그 귀중한 시간의 차례가 베풀어질 것 같지 않아서 아예 전화도 드리지 못했던 기억이 새롭습니다.

지금, 이 순간!

스피커에서는 Amazing Grace가 울려 나오고 조금 전에는 뭔지 모를 piano 소리가 더욱 애절히 제 가슴을 적셔옵니다. 이 기분이 가셔지기 전에 전 이 자리를 떠나기 전까지 저의 얘기를 전부 끝내려 합니다.

선생님 이제 팔이 아파요. 편지 쓰며~ 다시 선생님 편지 읽고 하기를 몇 번 거듭하는데 아무리 읽어도 너무 부럽기만 한 글귀가 있어 여기 다시 옮깁니다.

「음악의 수렁이 너무 깊은데 그 속으로 내 작은 몸이 **빠져버렸으**니까, 하늘은 까마득히 멀리 보이는 그런 수렁에 넋 채 몽땅 **빠져**

있는 내가 너무 지나친 행복 같아 거듭 기도하곤 해」

부디 새해에는 더욱더 깊은 수렁으로 몸도, 넋 채 송두리째 빠져 이윽고 하늘까지도 그 안에서 다시금 볼 수 있는, 그래서 억만 겁을 살 수 있는 음악의 신선이 되십시오.

최철

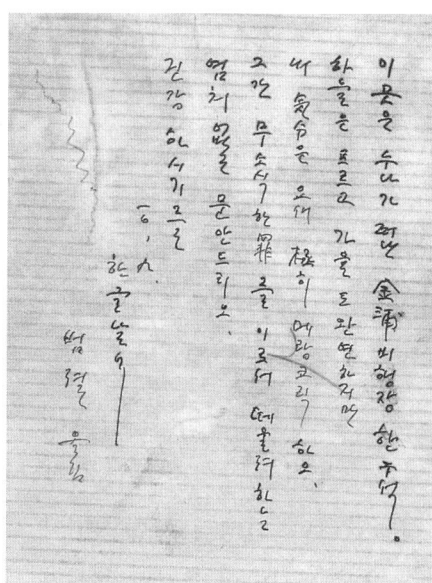 

뵙고 싶은 선생님께
_30. 12. '86

선생님! 그동안 안녕하셨지요?

너무도 반가운 선생님 소식을 듣고 바로 편지 드린다는 것이 이제야 펜을 들은 것 같습니다. 대사님께서도 건강하시지요? 난이도 열심히 연습에 임하고 있으리라 생각합니다. 경자 씨께도 새해 인사 함께 전하고 싶습니다.

보내 주신 반가운 소식과 함께 받은 사진들도 어찌나 맘에 들게 나왔는지 너무나 기뻤답니다. 저희 사진기로 찍은 사진들은 별로 잘 나온 것 같지 않아서 사실은 선생님께 보내드릴 때 약간 죄송스러웠어요. 선생님께서 보내 주신 사진은 크기에서부터 특히 배경이 좋았던 것 같아요. 정말 잘 받았습니다. 근사한 카드도요…

참? 선생님 〈86년의 좋은 소식 진심으로 축하드립니다. 「대한민국 작곡상」을 수상하셨다니, 역시 언제나 노력을 아끼지 않는 선생님의 열의, 홍구 씨와 저는 감탄을 하였답니다. 선생님의 소산이 아니신가 생각합니다. 지금도 바삐 활동하실 선생님의 음성과 모습이 눈에 선하답니다. '국제 세미나'에 참석하셔서 우리의 음악을 알리셨다니 제 어깨가 으쓱해지고 신이 났지요. 선생님의 Piano Sonata와 모든 것을 저희도 함께했다면… 하고 아쉬워하면서도 저희는 무척이나 선생님이 자랑스러웠답니다.

저희도 선생님처럼 열심히 노력하며 공부하자고요. 저희를 잊지 마셔요. 언제나 저희에게 용기를 주시는 분이라는 것을요.

이 해도 내일이면 마지막이군요. 섭섭한 마음뿐입니다. 또 편지 드릴게요.

새해 복 많이 받으셔요.

Köln에서 제자 송선화 드림

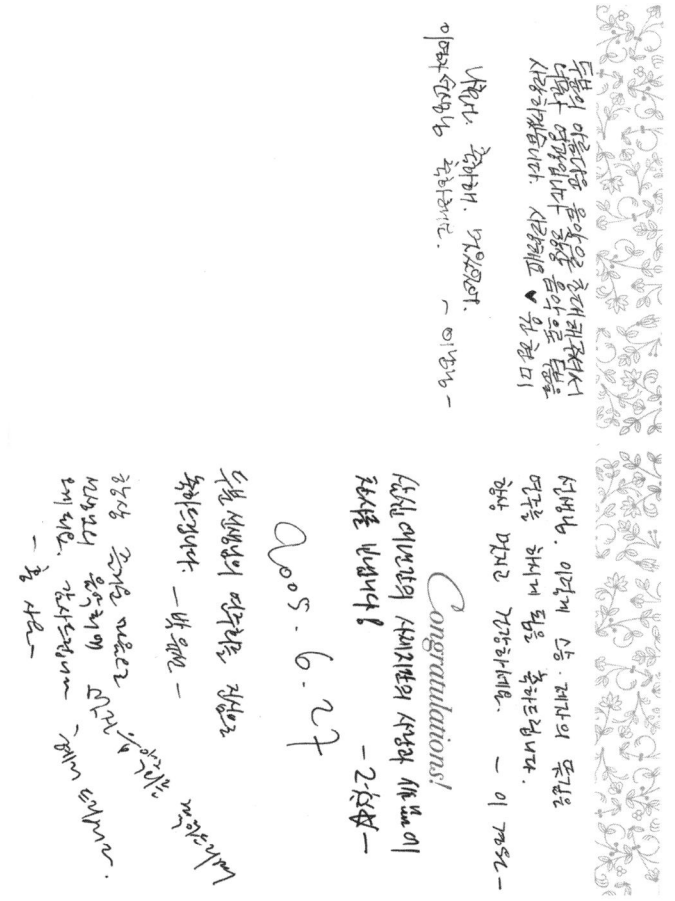

Paris. Sacré Coeur.

© 1982, Editions Artaud - Paris - Made in France - G.B. 2

IV
다시 돌아온
Mirabeau 다리 건너는 축복

_1987~1989

이영자 선생님
_1987. 1. 7. 서울

대륙의 서 끝에서 동 끝으로 보내신 연하장 잘 받았습니다. 떠나신 후 뒤늦게 소식을 들었으나 주소를 몰라 소식 못 전했습니다. 소식 들으니 좋은 곳으로 가셨고, 좋은 체험을 하셨다니 기쁩니다.

늦었지만 「대한민국 작곡상」 축하드립니다. 「열 그리고 정」은 훌륭한 작품입니다. Technique도 원숙하시고 Esprit도 넘치는 역작입니다. 야간 강의 때문에 초연에 못 갔었지요.

지난 연말 Festival Ensemble 모임에 갔다가 박은희와 이 선생의 동생을 만났습니다. 많이 닮은 데가 있더군요.

나도 Messiaen의 Prelude를 master해 보려고 마음먹고 있는데 직접 만났다니 부럽습니다.

관능미와 기교면에서 한 차원 넘어선- 영감이 넘치는 작품을 많이 쓰십시오. 남는 것은 작품뿐이니까요.

건강하시고 보람 있는 인생을 사시기 바랍니다. Mr. Han은 Seine 강가에서 결혼하였을 때 만나고 한 번도 만나지 못했지만 가까운 친구처럼 느끼고 있다고 전해주십시오.

Messiaen의 최근 작품 있으면 하나 보내 주십시오. 초기·중기와 무엇이 달라졌는지 보고 싶군요.

두 분의 가정에 은혜와 사랑이 충만하기를 기원합니다.

박은희

선생님께
_1987년 1월 10일

  참 축하드려요, 서울서 아빠께서 전화하셔갖구 선생님께서 2월부터 불란서 대사로 발령받으셨다고 알려 주셨어요.

  선생님께서 얼마나 좋아하실까 상상이 가요. 저도 많이 기쁘거든요. 뭐랄까, 다른 대사 부인들보다 선생님께서 파리에 계시면 더욱 좋을 것 같고, 더 소득이 많을 것 같은 느낌 있잖아요. 준영이도 아주 좋겠네요.

  저희는 신랑이 5월에 두 번째 master degree를 따는데, Ph.D에 들어갈지 한국에 가게 될지 확실히 몰라요. 군 문제가 늘 따라다녀서 아주 골치가 아프답니다. 경수 언니는 아들 낳아서 잘 지내나 봐요.

  선생님 작년에 LA에 오셨을 때는 정말 아쉬웠어요. 경수 언니랑 선생님이랑 셋이만 만났으면 더 수다 떨고 얘기도 많이 했지 않았을까 싶은 욕심도 나고요. 너무 잠깐밖에 못 뵈어서 오히려 더 아쉬움만 더한 것 같아요.

  선생님 새해 복 많이 받으시고 파리에 가시게 된 것 다시 한번 축하드려요.

효원 올림

선생님께!
_Le 16 Jan' 87

벌써 새해 들어 보름이 지났네요. 너무나 추워서 집구석에 들어박혀 지내다 보니 벌써-에요. 이곳 1주일 넘게 영하 15 °C 내외의 매운 날씨가 계속되고 있어요. 저의 집골목을 채 벗어나기도 전에 손발이 꽁꽁 얼고 뺨이랑, 귀랑…

따가워서 나가는 것을 포기하고 들어오기 일쑤입니다.

달러가 자꾸만 내려서 스팀값을 아낀다고 공부방을 제외한 나머지 방들을 모두 잠갔다가 주인에게 야단만 맞고 이젠 부엌까지 후끈후끈- 약 오르고 속상하지만, 속수무책 바라보고만 있어요. 동파하면 돈 드는 것 생각하라나요.

드디어 달러가 30단위로 들어섰어요. 모두들 설마 했는데 이젠 손가락 빨고 살아야 할까 봐요.

어제 오후 눈이 많이 내렸어요. Tervuren을 지나오며 Quinet 선생님 생각에 또 눈물이 오락가락했지요. 전차 종점엔 항상 저보다 먼저 오서서 기다리고 계셨고 leçon 끝나고 돌아갈 땐 언제부터인지 가시다 멈추셔서 전차 속에 있는 저에게 또 한 번 손 흔들어 주시고 떠나셨었는데 이젠 그리운 추억 속에 묻히겠지요. Quinet 선생님 부인은 오히려 저를 위로했어요. 울지 말라고 자기도 이를 악물고 참고 있으면서 아픔과 고통 없이 서서히 약해지셨고 죽음에 대하여 전혀 겁내시지 않고 돌아가실 때도 주무시면서 평안히 가셨다구요. 장례식은 아마 제가 견디기 너무 힘들 거라고 안 와도 이해하니까 오지 말라고 하셨지만 어떻게 안 갈 수 있어요. 금요일 아침 화장터에서였어요. 관이 들어가기 전 얼마 동안 선생님의 곡이 연주되었고 그다음 빨려 들어가듯이 없어졌지요. 나오니 이 해 들어 처음 오는 눈이 흩날리고 있었지요. 아마 몇 년 동안 못 흘렸던 눈물 다 쏟았던 것 같아요. 사망 소식 접한 날부터 그 주일 내내 눈물 속에서 살았지요. 라디오 틀면 선생님 음악이 흐르고, 참으로 많이 울었어요. 마음에 의지했던 기둥이 하나 털썩 무너져 내린 느낌이었어요. 그동안 착실히 못 한 것 얼마나 후회가 되었는지요.

선생님께는 행운의 여신이 졸졸 따라다니는 것 같아요. 엄마가 편지하셨어요. 선생님께서 대한민국 작곡상 수상하셨다고 축하 편지 드리라고요.

정말 축하드립니다. 시간 나는 대로 연락드릴게요(전화)

추운 겨울 건강하시고 얼마 남지 않은 화란에서의 생활 만끽하시기 바라고 좋은 작품 많이 쓰시기 바랍니다.

선생님 이곳 다녀가셨을 때의 사진이 나와 보냅니다.

혜리 올림

선생님께!
_1987. 1. 28.

뜻밖의 선생님 카드를 받고 놀랍고 얼마나 기뻤던지요. 종일 일이 손에 잡히질 않아 혼났어요. 옛날 선생님께 레슨 받던 생각, 생신날 party하던 생각들… 꾸중 듣고 훌쩍거리던 그때가 선생님과 함께였기에 좋았었다는 아쉬움이 새롭게 북받쳤어요. 선생님은 항상 아직까지 제게는 무섭고 어려우세요. 선생님의 사랑을 누구보다도 흠뻑 받고 싶었는데 왠지 늘 도망치기가 일쑤였고, 선생님의 가까운 곁에는 다른 친구들, 다른 언니들이 항상 계셨었으니까 더욱 그럴 수밖에는 없었던 것 같아요.

선생님을 여자로서 참 좋아했었어요. 선생님이 좋아하시던 색상까지도요. 보라색 좋아하셨죠?

며칠 전 대사님은 T. V에서 뵈었는데 하나도 늙지 않으셨더군요.

선생님도 그러시겠죠. 늙지 마세요, 선생님!

결혼 생활이란 작곡만큼이나 어려운 것임을 살수록 절실하게 느껴요. 쉬운 일은 소중히 생각할 수 없듯이 어렵고 힘들어야 제게는 소중하고 가장 진실된 것이라고 믿으면서 생활하고 있어요.

혜원이와는 자주 만나요. 혜원이와 선생님 찾아뵙는다고 몇 번 별렀었는데 서로 시간이 맞지 않고 해서 다음 기회로 미루다 보니 해를 또 넘기고 말았네요.

선생님 참 많이 뵙고 싶어요.

신랑도 선생님 뵙고 싶어 해요. 평상시에 제가 선생님 말씀 많이 하거든요.

항상 건강하시길 빌면서…….

장경미 드림

à Paris, le 12 Décembre 92

Très très 그리운 아빠 & 엄마 께요.

그동안 두 분 건강히 지내셨는지요. 겨울에 주로 많이 추었다면서 지내세요. 저는 당연히 잘 있어요. 언니 언니랑은 연락도 별로 없고… 무척 바쁜가 보더라구요. 엄마께서는 성공적으로 New Zealand 다녀 오셨으리라 믿어요. 어제 엽서 잘 받아 봤어요~.

다음 주에는 음악회 올리려고 어제께에 piano 앞 맞두고 Mme Manet 레슨도 같이 받았지요. Ça s'est très bien passé 니까 이번 강주도 그저 작은아게 연습해야 겠죠.

오늘은 넹부 생신인데 카드만 명일전 보냈고 이야기 전하드려야 겠어요.

이 선생님께

_1987. 2. 4.

연말에 보내 주신 글 반가웠습니다. 무엇보다도 선생님의 정열에 고개 깊이 숙입니다. 좋은 선생님 옆에서 만나 뵙지 못하고 항상 멀리서만 보게 되는 것도 운이겠지요. 언젠가 Paris나 Bruxelles에 들리게 되면 선생님께서 원치 않으셔도 들리겠습니다.

독일 말로 하면 정말 liebe, Traum 선생님입니다.

서울에서 이만방 올림

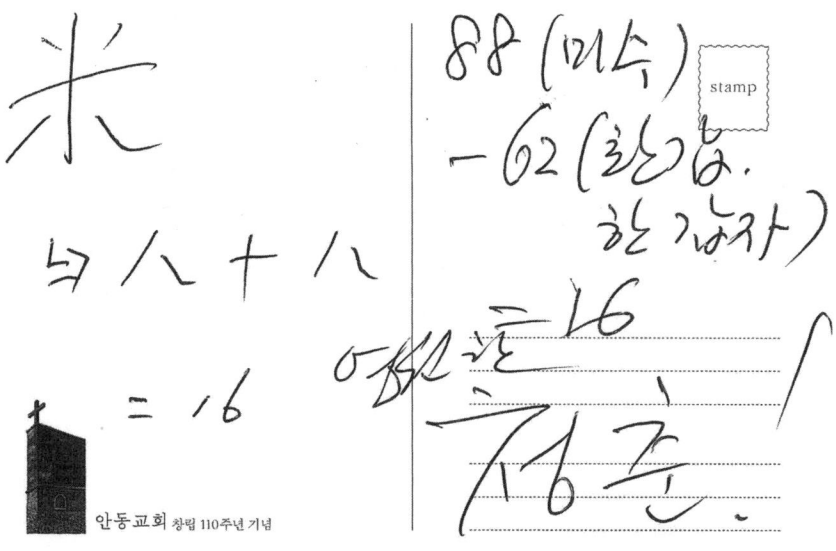

Dear 뻐꾹
_1887년 2월 4일

천신만고 끝에 어젯밤 당신과 통화하고 나니 속이 시원하구만.

전화로도 말했지만, 당신 불란서 대사 소식은 1월 19일 Zonta 월례회에서 전원이, 그것도 일동 기립해서 축하 박수를 보냈어. 좌우간 86년은 뻐꾸기 부부 최대의 영광스러운 해였지.

어제는 신재덕 선생님의 5일 장례식이 이대에서 엄수됐는데 오재경 씨 오열에 장내 참석자 모두 울어서 눈물바다였어. 존타 회의 때는 나를 격려하고 무척 사랑해 주셨는데… 만나서 소상히 얘기해 줄게!

참 Andre가 내가 당신한테 간다니까 선물 보낸다고 가기 전에 꼭 자기 만나고 가래나. 참 다정한 친구야.

내일(5일) Zonta회의 끝나고 들르려고 해. 기왕이면 멋쟁이로 내가 골라서 갖다 줄게. 참 강영희 Zontien도 내 편에 뭘 하나 보낸다고 해서 내일 만나자고 했어. 참 그 여성은 사랑스러워.

우리 둘째는 고3 되는데 목하 초비상이야. 보영이는 4학년 진학, 세월 빠르지? Mr. 리는 역사적으로 체중 70kg. 모두가 이 뻐꾸기 공로겠지 뭐.

아무튼, 우리 만나서 밀렸던 얘기하기로 하고 이만 끝.

아빠에게 안부 전해 줘.

안녕 서울 뻐꾸기

Paris에서 전화할게. 회의는 17, 18, 19, 20, 4일간 모두 끝난 20일 오후 4시경 끝나는 대로 달려갈게. 23일 새벽에 Paris로 와서 12시 30분 KAL로 귀국.

김경오

영언니!
_1987. 2. 9 아침에

　대사님을 비롯해서 온 가족이 모두 안녕하시죠? 연거푸 보내 주신 편지와 사진들 잘 받았습니다. 제가 다녀온 뒤 6개월 동안 언니 하신 일을 보고 한편 놀라고 역시 언니답다고 생각했어요. 하여튼 언니의 그 식을 줄 모르는 열정에는 제가 손을 들었어요.

　모르긴 해도 대사님 '부인' 역할만 하더라도 쉬운 일은 아닐 텐데 거기다 난이, 은미, 준영의 훌륭한 엄마 노릇 하시며 그래도 정열이 남으셔서 끊임없이 자기 성장을 위해 노력하시는 언니의 삶의 태도에 정말 감탄할 수밖에 없어요.

　언니! 언니는 정말 행복한 사람이에요. 언니 하시는 공부에 눈물을 흘리며 감동하고 심취할 수 있다는 것이 얼마나 행복한 일이예요? 인간이 자기 일에 만족하고 기쁨을 느낄 때가 가장 행복하다고 저는 늘 생각해 왔어요.

　가정도 남편도, 자식도 중요하지만 우선 자기 일에 보람과 긍지와 기쁨을 느낄 줄 아는 사람이 가장 행복한 사람이 아니겠어요? 그래서 기쁨과 행복을 느낄 때 남편과 가족과도 행복한 생활을 해 나갈 수 있는 원동력이 되겠지요. 그런 면에서 언닌 너무나 완벽하게 갖추고 있으세요.

　제가 Netherland에 가서 언니네 집에서 함께 생활을 해 보고는 전 깨닫게 된 것이 많았어요. 우선, 전 언니가 지금의 행복한 생활이나 지위에 이르기까지 그저 막연히 행운이 따라주어 된 지위라고 생각했었어요. 그런데 그게 잘못 생각했었던 거예요. 언니의 모든 생활이 언니의 손과 언니 노력의 결정이라는 것을 알게 되었어요. 그러기 위해서 언니가 얼마나 바빠야 했고, 힘드셔야 했고, 하기 싫은 일도 하셔야 했는지 짐작이 갑니다.

언니를 보고 나서 제가 얼마나 이기적인 사람인지 알게 되었답니다. 지금부터라도 언니처럼 살고 싶어요. 그래서 전 언니가 충분히 행복할 권리가 있다고 생각해요. 저절로 얻은 것이 아니라 언니의 노력으로 얻으신 거니까 언니가 누리실 충분한 권리인 셈이죠.

언니! 또 아이들을 태우고 Paris에 다녀오셨다고요. 100여 명의 손님을 치르고 다음 날로 다녀오셨다니 참 언니는 대단한 여장부세요. 저라면 푹 퍼져서 쉬었을 텐데요.

언니의 능력은 정말 놀랄 만해요. 하긴 30년 전, 언니가 Paris로 유학을 떠나실 때 전 정말 놀라웠어요. 그때만 해도 어지러울 때인데 불어를 공부해서 혼자 유학을 가시다니…… 벌써 그때 전, 언니가 손에 닿을 수 없는 높은 곳에 계신 분이란 걸 알았죠. 이제 제 나이 50이 되었어요. 인제 와서 제 생활을 반성한다고 무엇이 되겠어요? 하지만 이제라도 언니를 배울 생각이에요. 언니의 1/100이라도 따라가 볼 생각이에요.

언젠가 유진 올만디 씨의 지휘를 본 적이 있었어요. 80세가 된 노인이 악보도 없이 전 곡을 지휘하시는데 그 모습이 너무나 아름답고 부러웠어요. 80이 될 때까지 자기 일을 할 수 있다는 것이 얼마나 큰 행복이에요? 전, 돌아오면서 몇 정거장을 혼자 걸어오면서 속으로 울었어요. 너무나 제가 보잘것없고 해 놓은 것도 없고 또 80세가 될 때까지 제가 할 일이 없을 테니까요. 며칠 동안 푹 꺼진 기분으로 지냈지만 결국 또 제자리로 돌아오더군요.

언니! 전 지난 6개월간 몸이 나빴어요. 겨울방학 내내 병원에 진찰받으러 다녔죠. 갱년기 증상 아닌가 싶어요. 삶의 의욕도 기쁨도 모두 느낄 수가 없어요. 요즘 좀 나아져서 하나님께 감사하고 있어요. 저도 빨리 건강해져서 언니처럼 열심히 살아보겠어요.

언니! 언니가 꼭 가고 싶던 곳으로 가게 되었다고 하셨을 때 전 Paris라고 생각했어요. 언니의 가장 행복했던 시절, 언니의 발길이 닿았던 골목길, 센 강 가, 마로니에 나무 그늘 그것들을 언니가 어떻게 그리워하지 않겠어요?

언니 미란이 결혼이 잘 추진되고 있어요. 2월 2일 함 들어오고 2월 28일 결혼해요. 엄마로서 바라는 게 있다면, 결혼이 행복뿐만 아니라 남편과 함께 참으며 이겨가며 행복을 얻어야 한다는 것을 알았으면 해요.

언니 오시면 연락해 주세요. 이제 저도 출근 준비를 해야겠어요.

그럼 바쁘신 일 잘 끝내세요.

안녕히 계세요.

운경 올림

사랑하는 아빠 엄마께
_Paris le 10 Fev. '87

그간 몸 건강히 안녕하셨는지요. 저도 물론 잘 있어요. 어제 엄마 전화 받고 은숙이랑 선영이를 불러서 엄마의 '화란 초대'를 물어봤더니 펄펄 뛰면서 좋아해요. 뭐 꿈에 그리던 운하의 마을, 풍차의 마을 화란이라면서요. 애초에 거절할 애들이 아닌 줄 알았지만, 저도 기분이 들떠 버렸어요.

지난 2월 4일에는 Harp Audition이 파리음악원에서 있었어요. Two Harp도 있었고…… 잘하는 애들도 있었지만 별로라고 생각하는 애들도 더러 있었어요.

그중에서 Lisa가 제일 잘했어요. 오늘 저녁에도 Jamet 선생님 음악회 표를 못 사서 그 Répetition generale에 갈 거예요. Lisa랑 Tomoko랑 새로 들어간 Nathalie랑 저랑 가기로 돼 있어요.

그런데 또 13일과 14일에는 Pompidou 센터에서 현대음악 발표회가 있어서 가려고 해요.

엄마 열심히 공부하고 있으니 제 걱정일랑 싹- 빼세요.

그럼 안녕

막내딸 준영 올림

이영자 선생님
_'87. 2. 19 목 p.m 8:47

마치-

사춘기 때 예쁜 여학생한테 연애편지를 받을 때와 같은-조금은 수줍음과 두근거림으로 선생님의- 마치 선생님같이 우아한 카드를 받아보았습니다.

예의에 어긋난 일일지 모르나

선생님께서 이곳에서 저희를 가르치실 때도 그랬지만 저희를 떠나신 후 문득문득 선생님 생각이 날 때마다 느껴지고 포근함과 편안함은 제가 무척이나 선생님을 존경하는 게 확실한가 봅니다.

또 한 가지는 선생님 같은 여자가 제 눈에 보이면 맹렬한 돌격으로 결혼을 하고 싶은데 왜 그런 여자가 보이지 않는지 조금은 짜증스럽기도 합니다. 후훗……

선생님만큼 이쁘고 넉넉하고 호탕한 여자라면 정말 신명이 나는 연애를 한번 해 볼 텐데 말입니다.

공장에서 찍어내는 병뚜껑처럼 이쁘고 제법 지적이고 세련된 여자는 찾겠는데 결정적으로 넉넉하고 호탕한 여자가 별루 보이질 않습니다.

제가 남자 형제만 있지 누나나 여동생이 전혀 없는 가정에서 자라면서 몸에 밴 가치관이 여자의 오순도순하고 섬세한 것이 자꾸

폭이 좁고 소갈머리 없는 것으로 인식이 되나 봅니다.

한때는 저희 83학번 작곡과 여학생들이 미운 적도 있었습니다. 도대체가 단체 생활이란 것에 관해 무관심이고 지구가 자기를 중심으로 도는 걸로 착각하는 것 같고 그저 옷차림, 액세서리 등에만 관심이 있고 남이 조금이라도 잘 되는 것에 대해 의아하게 질투를 하고 - 예배당은 다니는 애들이 -

하나 이제는 그녀들을 사랑합니다.

친구니까 말입니다. Mozart가 참 명언을 남겼습니다. 'Cosi fan tutte!'

87년이란 언제나 시간이 가면 오는 신년 - 별로 큰 의미가 없는 올해의 역사에 저는 괜스레 많은 느낌을 부여하고 싶군요.

우리나라 현 정치를 적나라하게 보여 주는 일이 신년 처음에 일어났군요.

'박종철 군 고문치사 사건' 말입니다. 세상에 이런 일이 있을 수 있습니까…

제 주변에도 어느 날 갑자기 행방불명이 되어 생·사를 모르다가 두어 달 만에 서대문 교도소에 있다는 통지가 온 친구, 후배들이 있습니다. 그들의 뚜렷한 죄명은 '불온한 사상을 가졌다'라는 겁니다. 똑똑한, 정말 피가 끓어 고함치는 그들을 고함친다는 것으로 공산주의자라나요……

하나님을 믿는 저로서 어차피 조금은 비껴 사는 비겁한 인간으로 제가 느낄 수 있는 것은 이가 꽉 물리는 분노와 엄청난 허탈감뿐입니다.

2월 7일 오후 2시에 명동 성당에서 '박종철 군 추모 미사'가 열리기로 했었습니다. 마침 그날이 저의 만 30이 되는 생일이기도 했고요. 그날 오후에 서울을 메운 것은 2시 정각의 자동차 클랙슨 소리와 민중의 분노와 시민보다 더 많은 전투 경찰과 뽀얀 최루탄 가스뿐이었습니다. 여기에 어디 인권이 있고 자유가 있고 예술이 있을 수 있습니까. 그저 생존만이 존재하는 비참함 그것이겠지요.

모두가 전부 미워집니다. 저 자신부터 싫구요. 세상에 자기 집 담벼락에다 농부가 춤추는 그림을 그렸다고 그걸 '불온사상을 가지고 있고 선량한 백성을 선동한다.'라는 죄명으로 잡아가다니 - 원 프로 야구, 프로 축구, 프로 씨름, 농사짓는 사람들이 빚에 부채를 더욱더 얹어 주는 그런 것들 절대 환영할 수 없습니다.

괜한 쓸데없는 넋두리만 늘어놓는군요. 하나 오늘은 좀 지껄이고 싶군요.

그저 아래만 보면 좁게 내 배고프지 않게만 살면 좋은 건지 제가 존경하는 술 잘 먹고 골초인 목사님께서 이런 말씀을 하실 때 괜히 즐거웠습니다.

너그러워지자. 좀 더 너그러워지자, 예수는 죽기까지 했다. 그렇게까진 못해도 최대한으로 너그러워지자 매 맞는 놈한테는 얼굴을 풀자, 같이 고통스럽자, 모든 걸 주자, 때린 놈한테는 냉정하게 얼굴을 묶자, 욕을 하자, 힐난하자, 손가락질을 하자, 매 맞는 놈을 위해 기도하자, 기도할 때는 신과 매 맞는 놈과 내가 그 시간 그 장소에 같이 있는 것이다. 이것도 예수의 사랑을 전해야 하는 우리의 의무 중의 하나이다.

자기 자신의 가족의 잘 됨 만을 위해 신께 기도하는 놈들은 저 무인도에나 가서 살아라, 무당에게 복채 주고 굿하는 것이 오히려 예배당에 나오는 것보다 시간적으로나 경제적으로 훨씬 이익이다. 산에 올라가 나무 밑둥에 새끼나 묶어놓고 빌어라, 본인 건강에도 좋고 남에게 피해 주지 않아 좋고 돈 안 들어 좋다.

그 목사님의 호가 '北山'입니다. 동양 철학에서도 北은 '검정'입니다.

남의 눈에 띄지 않습니다. 집들도 다 동 남향으로 짓지 북쪽으로 지으면 그 집은 매일 그늘입니다. 허나 꼭 그 자리에 있어야 하는 것이 北山입니다. 北山이 있으니까 집 앞의 개울도 의미가 있는 거겠지요.

헌데, 그 목사님이 말씀하시는 저의 가치관으로 판단해도 역사에 필요하지 않은 사람, 산에 올라가야 할 놈이 바로 저인가 봅니다. 암만 생각해도 그런 것 같습니다. 최소한 30년 동안은 그랬던 것 같습니다. 신이시여 - 용서하소서.

공자님께서 '男兒 三十이면 立志'라고 그러셨는데 저는 나이 30에 立志 턱도 없고 志를 立하기 위한 계획을 세웠습니다. 한때는 음악을 그만두고 돈 버는 것을 - 그것도 많이- 목적으로 해 볼까 하고 제 딴엔 제법 고민하고 저울질 해봤지만, 음악을 전혀 모르는 사람들에게 높은음자리표를 가르치는 것이라고, 오히려 그것이 음악을 버리는 것보담은 행복하다고 느꼈습니다.

제가 공부하고자 하는 '지휘'가 여러 가지로 부족한 것을 느낄 때는 그저 답답하기만 합니다.

하나, 궁궐 같은 집에서 자가용 타고 다니면서 돈 벌 생각하는 것보담은 답답한 쪽을 택하기로 결정했습니다. 신께서 제게 주신 텔런트도 그것이라고 믿고 싶고, 믿고 있습니다. 내일이면 저의 대학 생활도 이젠 끝이 납니다.

내일 오전에 부모님과 형제들 여러 어른들과 친구들의 축하를 받으며 졸업을 하겠지요. 더더군다나 늦게 다닌 학교였으니까요. 허나 남는 것은 허탈뿐입니다. 공부 좀 할 걸 - 하는.

이제부터 공부는 정신 차리고 하려 합니다. 志를 立하기 위해.

시간은 제게 그리 큰 문제가 아닙니다. 이런 때는 저의 느긋한, 전혀 급한 것이 없는 성격이 가장 큰 장점입니다. 후후

올해부터 제가 세운 계획이 있습니다.

첫째, 다섯 시에 일을 -무슨 일이든- 시작한다(성실하라!).

둘째, 신께 감사하라. 무조건.

셋째, 정말 필요한 말만 하라.

넷째, 모든 일에 미치자.

다섯째, 사랑하라.

저의 정신 차린 위의 계획에 선생님께서도 한번 파이팅을 외쳐 주십시오.

신이시여-

감사합니다.

내일이 졸업식입니다. 마지막으로 학교 빈 강의실에서 4년을 정리하며 신께, 부모님께 그리고 선생님께 저의 정리를 강제로 안겨 드립니다.

너무 횡설수설한 것 같습니다. 하지만 선생님께서 저의 넋두리를 들어 주셔야 하는 필연적인 이유는 제가 선생님을 무척이나 좋아한다는 것이 전부입니다.

또 연락 드리겠습니다. 건강하십시오.

봄이 온다 하니 산으로 줄행랑이나 칠까 합니다.

한양대학교 317 강의실에서
제자 차광철 올림

선생님!

항승 저희 운이 되어주시는 선생님
선생님이 계셔 든든합니다.
와주셔서 음악회가 빛났고
행복했어요.
감사합니다.
2005. 10.

마음 깊은 곳에
해피, 한나 드립니다

존경하옵는 이 선생님!
_Fev' 22. 1987

한동안 소식 드리지 못했습니다. 안녕하시지요. 이곳 생활은 늘 허송하는 시간이 많으면서 바쁘기만 합니다. 학교는 학기 말 시험을 못 치른 채 방학으로 들어갔습니다. 출석과 중간고사 결과로만 평가되는 문제를 가지고요…

여작 소식을 드립니다. 후반기 발표회는 11월 12일 결정되어 9월 15일까지 작품 응모를 마감할 예정입니다. 지난주에는 연구부와 총무부의 임원만 모여서 주소록 작성의 구체적인 작업을 의논했습니다. 그리고 90년은 저희 여작의 10주년 해임으로 사업과 행사에 관한 연구를 부탁했습니다. 선생님께서 좋은 생각을 주십시오. 외국에서 사람을 초청한다든지 작품을 초청하는 문제는 모두 미리미리 정해서 진행시켜야 하니까요.

그리고 제2회 Seminar의 연사에 관하여 일전에 선생님께 연락드렸었는데요. 바쁘시더라도 빠른 결정 내리셔서 연락 주시기 바랍니다.

선생님! 건강하시고 많은 일 잘 이루어 지시기 빕니다.

서울에서 경선 올림(with Love)

준영 어머님께
_1987

사람들이 감사의 뜻으로 전해드리는 선물 중 '술'이라는 것은 그리 썩 잘…… 어울린다는 생각을 하는 것은 아니지만 …… 저희의 자그마한 정성을 모았어요. 이리저리 아무리 생각해 보아도 무엇을 해 드려야 기뻐하실까……

딱 떠오르는 것이 없더군요. 기쁘게 받아 주셨으면 해요.

이렇게 처음으로 부모님들과 오랫동안 떨어져 있으면서 '세상을 혼자 살아가는 것이다'라는 이기적인 생각들을 갖고 있었는데 외국에 나와서 따뜻한 초대를 받고 보니 저의 그런 생각들이 새삼 부끄러워지는군요.

이번 초대, 진심으로 감사드립니다. 따뜻한 정도 느낄 수 있었구요. 이번 화란 행이 아주 즐거울 것 같은 예감이에요. 감사합니다.

은숙, 선영 올림

친애하는 한 대사와 부인께
_le 8 Avril 1987

반가이 배독하였던 크리스마스 카드에 대한 회답을 이제서야 쓴다는 것은 너무나 염치없는 일이고, 오늘은 두 분께 축하의 뜻을 전하고자 펜을 들었습니다.

우선 한 대사께서 파리로 영전되셨으니 당연한 일이겠고 진심으로 축하합니다. 또한, 부인께서는 '대한민국 작곡상'을 받으셨으니 이 또한 경하할 일이 아니고 무엇이겠습니까!

Hague에서의 음악적 수학은 다행이고 부러운 일이라 생각되며 30여 년 전 파리에서의 우리들의 모든 추억이 새삼스레 아름답고 귀하다는 것을 느낍니다.

세월이 많이 흘러 지금은 Fréderic 네가 Paris에 살고 있어 한 대사님께 신세를 질 것이오니 사랑으로서 모든 일 잘 부탁드립니다.

우리는 아이들이 모두 외국에 살고 있어서 자주 구미에 나가고는 싶으나 모든 일이 쉽게 뜻대로는 되지 않는 것 같습니다.

다시 한번 두 분의 성공을 축하하면서 가까운 장래에 Paris에서의 상봉을 기대해 봅니다.

건강을 빌면서

서울서 박민종 내외

선생님 별고 없으신지요
_1987. 5. 1.

작품은 많이 쓰셨어요? 혜리는 만나 보셨는지요. 한국에는 언제 들어간대요? 준영이는 계속 Harp 전공하고 있는지요? 이번에 변동이 있으신지 없으신지 확실히 모른 채 소식 드려요. 이 서신이 제대로 선생님 손에 들어갈지 어떨지도 모르겠어요.

저는 이제 겨우 넓은 세상에 눈을 뜨려고 하는데 하루가 너무 짧아서 자꾸만 쫓기는 기분이에요. 물론 기간이 더 길다고 해서 대단한 수확을 얻을 수 있는 능력가도 아니긴 하지만, 욕심만큼 소화해 내려면 주어진 하루하루가 모두 제 개인 시간이어야 할 텐데, 하는 아쉬움으로 항상 안간힘을 쓰고 있어요.

여기 오면 사람들과 분리된 생활을 할 줄 알았는데 한국에서와 마찬가지로 저의 집에 드나드는 사람은 시도 때도 없이 여전하고 더구나 우리나라 사람들은 얘기하기 시작하면 새벽 1시나 2시는 보통이에요. 그러니 저는 힘들어 죽겠지, 뭐에요.

물론 각박한 서양 생활 태도로 인해 정신병자들이 많은 이 나라 습관을 모두 좋다고 하는 것은 아니지만 전혀 절제가 없는, 인정이 넘쳐흐르는 우리나라 생활 습관에도 문제가 있다고 생각하거든요.

예정된 1년의 기간은 이제 거의 다 끝나가고 있어요. 과연 제가 얼마나 소화해 냈는지 모르겠네요. 제 테두리를 벗어나기엔 아직도 더 많은 시간이 필요할 것 같아 답답하기도 하네요.

생각 같아서는 쓰는 것보다는 그 많은 작품을, 모두 들을 수 있는 만큼 많이, 많이 듣고 싶은데 쓰는 것에 쫓기고 있으니 안타까운 마음이 가득해요.

완전한 혼자의 학생 입장이 되고 싶지만, 이것은 희망 사항일 뿐이지요.

해야 할 일은 많고 저는 매우 매우 피곤, 피곤…

아무튼, 그리 멋진 생활이 되지 못하고 있음은 확실하답니다. 빨리 돌아가고 싶은 생각뿐이에요.

이번 처음의 경험으로 다음에는 모든 것을 잘 해내리라는 위안으로 지내요.

책은 좀 구했는데 정말 값이 많이 비싸더군요. Score는 동부에 가게 되면 직접 보고 구할까 생각 중이에요.

날씨는 이제 바야흐로 놀러 다니기 좋은 계절이 되었어요. 이곳 학생들이 Spring term에 가장 성적이 낮다고 하는 이유를 알겠어요. 겨우내 줄줄 비만 내리던 우기가 지나고 건기로 접어들거든요. 하지만 건조하지 않은 쾌청한 날씨 때문에 정말 사람의 마음을 많이 유혹하는 것 같아요. 몇 군데 다니면서 느낀 것은 특히 땅덩어리가 큰 나라라서 그런지 자연의 거대함을 곳곳에서 보면서 사람이 너무나 작다고 하는 것을 자꾸 실감하게 되더군요.

좋은 시간 많이 가지시기 바라면서 인사 말씀드립니다.

안녕히 계세요.

오레곤에서 진정숙 드림

안녕하세요?
_Copenhagen May 21. 87

저희 Copenhagen에서 문안드립니다. 바쁘신 시간 저희들 위해서 많은 시간 보내 주시어 여러 가지로 보살펴 주셔서 그저 감사드릴 따름이지요. Paris에서는 여름이 다 된 듯 덥더니 이곳은 비가 잦은 이른 봄 같이 제법 싸늘해요. 평화로운 분위기에 깨끗하고 사람들도 모두 친절하고 점잖은 듯하고요.

안데르센, 키르케고르, 하-트만을 자랑하며 여왕님을 존중하고 그래서 숲과 바닷가 사이에 우뚝 솟은 성들이 특이한 경치를 이루고 있지요. 문화인을 자부하는 민족인 듯싶은데 마침 문화재 관리국 직원들이 파업 중이라 미술관 박물관 구경은 못 하지요. Paris 돌아가는 대로 다시 연락드릴게요. 그럼 주님 은총 중 늘 평안하시기를 기도드립니다.

함혜란이가요

며칠 전 졸업 연주를 했어요
_1987. 6.

　날짜가 촉박하게 잡히는 바람에 연주 하루 전에 작품을 마쳤습니다. '또 그 버릇'하고 혀를 차시는 선생님의 모습이 연상되지만 저는 다시금 선생님께 고마움을 느낄 수밖에 없는 것이 그 연주를 박혜영 선생님께서 해 주셨거든요. 날짜는 촉박한데 곡에 대한 욕심은 나고 전전긍긍하던 차에 옛골에서의 송별회가 생각났던 거예요.

　처음인데 너무 무리한 부탁을 드려서 죄송스럽기 짝이 없었지만, 그 짧은 시간 동안 거의 초견으로 연주한 셈인데도 끊어지지 않고 무리 없이 연주해 주셨어요. 물론 욕심나는 곳이 한두 군데는 아니지만…

　작품을 쓰면서 또 한 번 느낀 것인데 알게 모르게 선생님의 영향을 많이 받은 것 같아요. 많은 부분이 작년 겨울 중앙콩쿠르 준비할 때 선생님께 배운 소리들을 사용했고요. 마지막 아리랑의 다른 형태 즉 차전놀이 하는 부분을 표현하려고 할 때는 기껏 선생님의 '열 그리고 정' 쏘나타의 3악장의 비슷한 뉘앙스를 갖게 돼서 나 혼자 혀를 차곤 했답니다.

　어쩌면 이번 졸업 연주를 계기로 앞으로 내가 무엇을 작곡해야 하는가의 한 가닥 방향을 잡지 않았나 싶어요.

선생님 이제 저의 개똥철학을 늘어 놓을게요.

우리가 알고 있는 아리랑은 곧 노래, 민요입니다. 민요의 제목이 아리랑이죠. 하지만 아리랑이란 이름을 가진 민요도 전국 방방곡곡 무려 100여 종이 넘는다고 합니다. 그렇다면 아리랑이란 비단 곡 이름이라고만 해석할 것이 아니라 우리 민족 정서의 한 음악적 상징이라고도 생각할 수 있습니다. 즉 시에서 얘기하는 노에시스로서의 아리랑이 아닌 노에마로서의 아리랑이라는 시각을 갖는다면, 표현 범위의 가능성은 공시적으로, 통시적으로 무궁무진하게 확대됩니다.

여기서 얘기하는 아리랑의 정서는 '어울림'의 정서입니다.

하늘과 땅, 음지와 양지, 남과 여, 사랑과 미움 등의 이원이, 단절이 아닌 화합하여 어울림으로 승화되는 그런 정서입니다.

처음으로 아리랑의 변형은 차전놀이로 나타납니다. 아리랑이 갖고 있던 다분히 추상적이며 정적이며 함축적인 것을 구체적이며 동적인 음과 양의 만남으로 실제화시킨 우리의 놀이가 차전놀이라고 생각합니다.

종래 알고 있는 아리랑의 고정 선율을 완전히 의식 속에서 공중 분해 시켜 버리고 차전놀이의 선율을 얻기 위해 회화적인 방법을 사용하였어요. 이것은 순전히 양극의 이원 형성 과정과 대립 화합 과정을 음악화하기 위한 수단으로 칸딘스키의 추상화 입문서 격인 '미술에 있어서의 정, 선, 면'이란 책에서 힌트를 얻었습니다.

본래 다섯 악기의 실내악곡으로 구상을 했었는데 갑자기 졸업 연주 시한이 당겨져 피아노곡으로 둔갑했어요.

말은 그럴싸할지 모르지만 이러한 생각을 음악화 하는 작업이 너무, 너무 힘이 듭니다.

아마 평생을 가도 만족할만한 소리를 얻지는 못하겠죠. 하지만 음악을 갖지 않고 실험한다는 마음으로 작품 쓸 생각입니다.

어차피 4학년 2학기 제출 곡이 5인 이내의 실내악곡이니까 다시 개작+Orchestration 할 생각이며, 잘 된다면 이 곡으로 내년 초 중앙콩쿠르에 도전해 볼까도 생각 중입니다.

철 올림

P.S: 졸작이지만

박혜영 선생님 피아노 소리만 믿고 Tape 보냅니다.

부디 선생님의 붉은 글씨를 기다리겠습니다.

창악회 콩쿠르 곡(저녁 시상식 때의 연주)도 같이 동봉합니다.

Mrs. 한께
_1987. 6월 17일

    너무도 즐거운 며칠이었습니다. 뜻하지 않게(실은 뜻하고 있었지만) 후대를 받아 고맙기도 하고 미안하기도 하고 표현의 길이 없을 정도로 감격하고 있습니다. 파리의 휴일 너무도 멋진 것이었습니다. 다시 기대 하겠습니다. 서울에 오시면 나도 극진히 대접하겠습니다. 그러나 그것이 1/10도 못 할 것입니다,

    서울에 돌아와 여전히 바쁘게 지내고 있습니다. 어제는 의정부에 가서 신 선생님에게 파리에서의 일 보고했습니다. 무척 기뻐하고 있을 것입니다.

    한 대사님에게 고맙다는 나의 뜻 충분히 전해주세요. 이연숙 씨와 어제 점심 하고는 다시 동평화시장에 가서 한 대사 부인의 옷 사자고 했답니다. 너무도 바쁘게 해 드렸습니다. 오래 간직할 것입니다.

오재경

한 대사님 사모님께
_1987. 7월 12일

저 저녁노을 사라지듯 한해도 순식간에 가버린 것 같아요.
그동안 안녕하셨습니까?
지난해 혹시나 잡았다가 놓친 듯한 아쉬운 날들이 있었다면 금년에도 그 배로 회복시키시길 바랍니다.
잔잔한 물가에 이름 없는 작은 새처럼 늙음을 유지하면서 저는 살고 있어요.
이 평온 속에 물결이 일거나 돌멩이가 날아들지 말기를 조심조심 주님께 간구하지요.
지난번 뵈었을 때는 정말로 반가웠고 고마웠습니다. 한 가닥 정의 줄을 끊지 않으신 추억을 길이 간직하겠습니다.
이쪽에 혹시 오실 일이 있으시면 Houston으로 연락해 주세요. 저도 쫓아갈게요.
안녕

윤금순(남재 할머니)

선생님께
_1987년 7월 19일

여전히 바쁘신 나날이시지요.

덥지가 않아서(오히려 춥네요.) 선생님이 제일 좋아하시겠어요.

7월 초 혹시 난이가 오려나 하고 열심히 기다렸는데 그냥 파리로 갔나 봐요.

방학 동안에 난이, 은미, 준영이 모두 함께 이곳으로 보내 주세요. 볼 것은 별로 없지만 그래도 난이가 이곳에서 초등학교 다녔고 준영이, 은미도 유치원을 다녔었으니 옛날 생각도 해보고 같이 지내면 너무 재미있을 것 같아요. 저는 그동안 독일에 갔다가 덴마크와 스웨덴의 Malmö까지 갔다 왔어요.

Malmö에서 배 타고 덴마크에 가고 거기서 바다가 보이는 언덕에 있는 햄릿의 성까지 갔었어요. 어렸을 때 소설로 읽던 이야기의 마을까지 제가 와서 보다니, 생각해 보면 꿈같은 일을 겪고 있는 것 같아요. 세상이 그렇게 좁아진 것이 아닐까요.

내 주에는 파리에 가게 될 것 같아요.

박용구 선생님 딸이 이곳에서 무용 공부 하고 있는데 엄마가 다니러 오셨어요. 그 학생도 온 지 1년밖에 안 돼서 지리도 잘 모르고 해서 저랑 파리를 같이 갔으면 해요. 안내 겸해서 잠시 다녀오려고요. 가게 되면 연락드릴게요.

선생님은 어디로 여행 떠나시는지요?

방학이 되니까 더 바빠요. 예기치 않은 일들이 너무나 매일 생겨요. 파리에서 세일할 때 가서 좀 좋은 것 사 볼까 했는데 이미 너무 늦어버렸지요?

그럼 가서 뵙기로 하고 안녕히 계세요.

브뤼셀에서 혜리 올림

선생님!

해마다 잊지않으시고
축하증 주셔서 고맙습니다.

늘 저희들의 큰 버팀목이
되어주시고 울타리가 되어주셔서
정말 큰 힘이 됩니다.
고맙습니다
2005. 10

아름다운 가을에   덴로스 드림

아빠 엄마께
_1987. 9. 8.

저는 어젯밤 이곳 시간 7시, 그러니까 Paris 시간 새벽 1시에 기숙사 방에 들어왔어요. 기차가 도중 1시간 반이 넘도록 서서 언제 도착할지 막막했어요. 케네디 공항에서 기차역까지는 비행기를 같이 타고 온 옆 사람과 같이 택시를 탔지요. 그런데 요금의 반도 못 내도록 말려서 돈도 안 내고 도착했어요. 지갑을 꺼내니까 자기가 화를 내겠대요.

자기에게도 같은 요금이고 말동무가 돼서 즐거웠대요. 저는 행운아가 됐지요. 비행장에서도 짐을 찾을 때까지 기다려주고 택시 트렁크에까지 실어다 주었어요. Philadelphia 가는 기차는 3시 30분 것을 탔지요. 5시면 도착할 텐데 10분 전쯤에 제가 탄 기차가 철도에서 사람을 치어 죽였나 봐요. 자세히 말도 안 해주고 그 자리에서 1시간 40분이나 멈춰 있었어요. 그것이 Paris 시간으로 밤 10시 정도였으니까 배가 고팠어요. 그래서 옆에 탄 학생과 초콜릿을 먹으며 시간을 보냈지요. 마음 같아서는 싸 가지고 온 김밥을 먹고 싶었지만, 기숙사에 도착할 때까지 참기로 했지요. 기숙사에 와서는 허겁지겁 먹었지요. 그리고는 치약, 화장지, 음료수 사러 슈퍼에 갔지요. 방은 새로 들어왔으니 Radio도, TV도 없고 조용했는데 저를 반기는 것은 한 마리의 바퀴벌레였어요. 저에게 죽임을 당했지만서도요.

제가 지금 있는 방은 24층 아파트 꼭대기예요. 엘리베이터 탈 때도 참을성을 기르고 있어요. 이제부터 다시 한 학기를 열심히 해야겠어요.

그럼 무사히 도착했다고 소식 드리며

Philladelphia에서 둘째 딸 은미가

Feb 14, 88

사랑하는 아빠 & 엄마께,

Valentine's Day 기회에 카드 보내요. 즐거운 한때를 지내시고 계속 Paris 생활 마음껏 enjoy 하세요. 이 카드 한번 요란스럽지요?

저는 학교 생활도 이제 안정이 됐어요. 3달 후면 졸업인데, 이제는 마음의 준비도 됐고 졸업하고 싶어요. 전에는 겁이 났었거든요... 모든 일이 잘 돼고 저도 좋은 직장이나 MBA 학교에 붙어서 아빠 엄마께서 자랑스럽게 해드릴게요.

Happy Valentine's Day!

Love,

은미올림

존경하는 사모님께 드립니다
_11월 21일 침례교

　육체적 정신적으로 순조롭지만은 않은 타국생활(유학 생활) 속에서도 항상 저희에게 형제애를 심어 주심에 재삼 감사함을 드립니다. 아울러 항상 저희로 하여금 예수 그리스도 안에서 풍성한 교제를 나눌 수 있도록 애써 주셨음에도 불구하고 감사 주일에 감사 카드 하나 보내드리지 못해서 죄송하게 생각합니다. 그러나 주님께서 저희들 마음의 기도를 관찰하시어서 더 큰 사랑으로 사모님과 저희를 감싸 주실 것을 믿기에 저희들의 마음이 기쁨으로 가득 찹니다.
　지난 감사 주일에 보내 주신 음식들로 저희 청년회원 20여 명은 Cité Universitaire에 있는 이곳, 제 방에서 아름다운 교제를 나누면서 삶 속에서 주님의 은총을 감사함으로 확인했었습니다. 한 조각의 김치에서도 저희 청년들의 마음은 온돌방의 온기를 느끼니 정말 저희는 주 안에서 순박한 양인가 봅니다.
　대사님, 사모님, 집사님, 그리고 식구분 모두에게 주님의 축복이 항상 함께하시길 기도드립니다.

　　　　　　　　　　　　　　　　　　　청년 회장 김태황 드림

팔자에 없는
_1987. Nov. 22.

　팔자에 없는 비행기를 타려니 별일이 다 생기지요? 어쨌건 무사히 이곳에 다시 돌아왔지요. 방법이 있다고 다시 누군가를 만나라고 하는데 그땐 이미 신경질이 뻗쳐서 앞이 안 보일 지경이었어요. 나중에 자세히 말씀드리기로 하지요.

　매일 매일 너무나 나쁜 날씨입니다. 쩨리 오줌 뉘러 나가는 것 외에는 거의 집에만 있지요(학교 가는 것 제외). 비가 계속 내려 땅이 젖어서 쩨리 오줌도 쩨리 변소에서 해결하고 그래도 이 방 저 방 왔다 갔다 하면(꽤나 큰 것 같지요) 하루가 저물어요.

　은행에서 저금하면 Tombola를 준다고 연락이 와서(1등: 자동차!) 좋은 꿈을 꿀 때까지 돈을 쥐고 앉아 기다리는 중이지요.

　달러가 하루가 다르게 곤두박질을 쳐서 은행엘 가면 현기증이 나지요.

　여전히 바쁘신 나날들이시겠지요. 그래도 바쁠 수 있을 때가 좋은 때인 것 같아요.

　선생님 건강하신 나날 보내시기 바랄게요.

혜리 올림

P.S: 11월 20일~22일(이번 주지요) 3일간 Schönberg 음악제를 Charleroi에서 합니다. Conference도 있구요. 바쁘신 일 없으시면 오시면 안 될까요? 오실 수 있으시면 전화 주시면 일정 알아놓을게요.

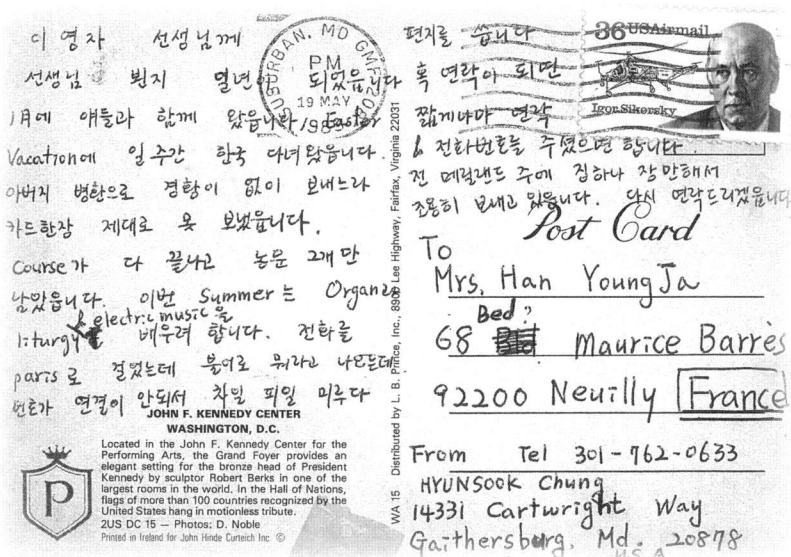

선생님께
_1987

　선생님께서 보내 주신 엽서가 유일한 내 방의 멋진 액자 역할을 하고 있습니다. 매일 볼 때마다 선생님 생각이 나면서도 소식이 늦어졌습니다. 한국 학생회 부회장이 되었습니다.
　이번 12월에 19th 음악회(한국인 학생들)를 하게 되었어요. 여기 가나 저기 가나 바쁘게 살아야 하는 게 제 팔자려니 합니다. 성당의 지휘를 맡아 크리스마스 준비로 일요일은 새벽부터 밤까지 연습합니다.
　코스는 선생님 Fugue 책 듀프레의 친한 친구분이 제 Counterpoint 선생님이십니다. 불란서 분이시고 Organist 할아버지시고, Conducting은 Dr. Wells와 공부합니다. 그 외에 작곡 등 15학점 신청해서 정신없이 뛰며 성가대, 한국 학생회, 이론 시험 볼 사람들 이론 가르치며, 기도하며 살고 있습니다.
　서 선생님께도 편지 한 번 못 보냈습니다. 오늘 학교가 끝나 가면서 오전 시간이 비어 여유가 오랜만에 생겼습니다. 두서없이 뵙고 싶은 마음에 짧게 소식 드립니다.
　Thanksgiving 때 일본에서 사촌 언니가 와 Gallery에 가서 엽서 한 장 샀어요. 멋은 없지만, 음악 한다고 골랐어요.
　내년 여름쯤 선생님 뵈러 가도록 계획할게요. 안녕히 계세요.

워싱턴에서 정현숙 올림

교수님께
_Dec. 2. 12 '87

그동안 안녕하셨습니까? 잦은 외국 여행 기간에 선생님 댁 모든 식구들(따님들)도 편안하신지요?

몇 년 전에는 아프리카에 계신다고 전해 듣고 그만 X-mas 카드조차 올릴 수 없었습니다. 우연히 며칠 전 지나간 신문을 얻어 볼 기회가 있었는데 그 신문에서 선생님께서 불란서 대사관으로 전근 하셨다는 것을 알게 되어 이렇게 소식 전해드립니다. 저희가 불란서에 있었더라면 계속 선생님께 작곡 지도를 받고도 싶은데…

거리가 그렇고, 여건도 그렇고 하여 이렇게 망설이고만 있습니다. 언제고 제가 서울로 가게 되면 다시 작곡을 시작해 보고 싶은 마음이 많습니다.

저는 그동안 이런저런 끌어오던 음악학(Musikwissenschaft) Magister를 지난봄에 끝내고 몇 년간 더 할 예정입니다. 선생님! 다가오는 x-mas와 새해에도 늘 건강에 유의하시기 바라며 하시고자 하시는 일, 이루어지시기 바랍니다.

München 남원옥 드림

P. S: 이렇게 소식 올릴 수 있는 것이 기쁩니다.

영 언니께
_1987. 12.

새해를 맞아 온 가족이 행복하고 건강하시기 바랍니다.

언니! 세월이 살과 같다고 하더니 요즘 그게 실감이 돼요. 이렇게 살과 같이 빠르게 달아나는 세월을 멍하니 바라보며 잃어가고 있어요. 그런데 언니를 뵙고 나니 세월보다 더 빠르게 달음질쳐 가는 언니의 생활이 오히려 세월을 압도해 버리는 것 같은 생각이 들었어요. 언니는 늘 만날 때마다 저를 깜짝깜짝 놀라게 만드네요. 그런 언니를 보면서 거울삼아 따라가려고 합니다만 그게 잘 되지를 않네요. 언젠가 보봐르 여사가 환갑을 지나며 한 말이 생각나요. "길을 지나가면서도 내가 본받을 여자가 누군가 눈여겨본다."라고. 환갑을 지나면서도 계속 누군가를 열심히 배우려는 그 의욕이 부러워져요. 언니는 보봐르 여사보다 더한 것 같아요. 그렇게 생각지 않으셔요? 말로가 아니라, 마음으로가 아니라 언니는 실제로 공부를 하시니까요. 그런 언니가 옆에 있어서 저는 정말 좋아요.

언제나 자극이 되고 힘이 되니까요. 늙었다고 정지해 버린 연못 같은 것은 저도 싫어요. 저의 소원은 죽는 순간까지 '의욕'이 무엇에 대한 것이건 의욕이 샘솟듯 솟아나기 바라는 거예요. 뚜렷이 무엇을 하고 싶은 것이 있는 건 아니에요. 하지만 무엇이건 하고 싶은 것이 있어야 행복할 것 같아요. 그런 저에겐 언니의 생활이 저의 교과서랍니다. 언니의 모습을 항상 경이의 눈으로, 경탄의 눈으로 바라보고 있는 이 경이가 있다는 것을 잊지 마세요. 그리고 항상 저의 힘이 되시고, 길잡이가 되어 주세요.

언니! 새해가 어떤 모습으로 우리 앞에 나타날지 궁금해요. 어떤 모습이 되건 열심히 제 할 일을 하는 사람에겐 별다를 게 없겠지요. 그저 바라는 것이 있다면 모두 건강해서, 올바른 일, 보람된 일 하고 싶을 때 할 수 있는 건강 지닐 수 있게 되기만 바랄 뿐이랍니다.
언니는 '찬'의 모든 모습을 모르시죠? 처음 결혼하려고 할 때 우리 집에서도 모두 반대였지요. 부모님이 안 계신다는 게 이유였지만, 그건 밖으로 내세운 이유에 불과했지요. 저라고 그걸 모르겠어요? 결혼 후 처음 찬이 외국에 출장 갈 일이 생겼을 때 몹시 걱정했어요. 찬과 저는 구체적으로, 말로 건네지는 않았지만 저는 두려운 생각까지 들었으니까요. 란이 아저씨의 도움으로 모든 일이 잘 해결되었을 때, 그때서야 처음 숨을 내쉴 수가 있었답니다. 찬도 그때부터 생활에 의욕이 생기고 밝아진 것 같아요. 이젠 한 해에 너덧 번씩 외국 출장을 다니니까 그런 문제는 다 잊기는 했지만요.
찬이 자기 일에 만족하며, 그래도 식품업계에서 기계 관계는 전문가라고 할 수 있어서 외국에 나가면 여기저기에서 업자(기계)들이 만나보려고 애를 쓴다니 뭔가 일하는 보람이 있을 거예요.
한편 찬이 살아가는데, 큰 힘이 된 언니를 잊지 않을 거예요. 찬과 더불어 우리 가정이 행복하게 되는데 힘이 되셨으니까요.

운경 올림

선생님 보세요
_Jan. 1. 1998.

설날이에요.

선생님 안녕히 지내시지요? 난이도 잘 있어요? 연락 자주 못 드려 항상 죄지은 마음입니다.

이곳에는 눈이 퍽 많이 왔습니다. 약 2주 전쯤 눈이 오기 시작해서, 수, 목, 금, 토, 일 닷새 동안 퍼부은 눈이 많이 쌓였습니다. 콜로라도에 와서도 처음 보는 많은 눈이에요. 눈. 눈. 눈. 눈. 눈. 눈. 눈. ……눈…… 휴!

테이프 만들었습니다. 11월 30일에 리사이틀 했고 이곳저곳에서 작품이 꽤 연주되어 바쁘게 가을을 보냈습니다.

Music for piano는 '새야 새야' 주제로 한 변주곡인데 불란서에서 열린 콩쿨에 뽑혔습니다.

나이를 먹고 있다는 생각을 하게 됩니다. 작곡이란 게 70살쯤 되면 뭔지 알게 될 것인지…… 힘들고 먼길이라는 생각이 듭니다.

시간 나시면 이 테이프 꼭 들어주세요. 새해에는 더욱 건강하시고 좋은 작품 쓰시기 기원합니다.

곧 편지 또 드리겠습니다.

P. S: 저는 5월에 학위 받을 듯합니다.

효신 드림

1988년 1月 12日

정초에 잊지 않고 불러서
맛있는 음식을 차려 주셔서
참으로 감사했습니다.
그렇게 따뜻한 분위기에서
즐거운 정초를 보내어 기뻤습니다.
보잘것없는 책자이오나
후배들이 정성껏 보아 준 것이오니
한가 하실때 소일 하실겸
훑어 보아 주십시오.
대사님께도 감사 드리오며
새해 즐거움 가득 하시기 빕니다
안녕히 계십시오.   方惠子 올림

CHANT DU SOLEIL   BANG HAI-JA 方惠子

선생님 보세요
_Jan. 28. 1998.

테이프 받으셨어요?

시간 나시면 한번 꼭 들어주세요.

대부분이 지난해에 쓴 음악입니다. 졸업하면 여유를 갖고 '나은' 작품들을 쓰도록 노력하겠어요.

부탁이 있어요. 동봉한 것은 추천서 양식입니다. 선생님께서 Colorado대학으로 보내 주시면 이곳에서 제가 이력서 보내는 학교로 선생님 추천서를 보내 주도록 되어 있습니다.

취직을 해야 하는 건지?

가능한 건지?

일단 이력서를 만들어서 보내기 시작했습니다.

요즘 매일 매일 똑같이 보냅니다. 일어나서 하루 종일 논문, 오케스트라 음악 그리고 2월, 3월에 연주될 두 작품

매일 씨름하듯 기를 쓰고(?) 있습니다.

졸업을 하기는 하는 건지….

선생님 바쁘세요?

어떻게 지내세요?

난이도 그곳에 있어요?

선생님 뵙고 싶어요.
저도 곧 졸업할 텐데 더 이상 학생도 아니면 이제 뭐가 되는 건지……
좀 막막한 느낌입니다.
취직하기가 그리 쉬운 것도 아닌 것 같고, 서울 갈 생각은 아직 없고……
또 넋두리!
선생님 건강하시지요?

효신 드림

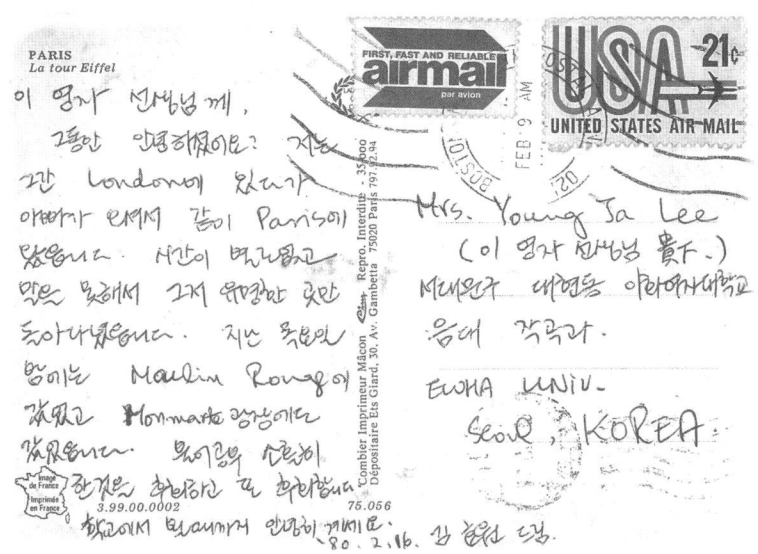

이영자 선생님께
_1988년 3월 3일 Paris

지난번 음악회 참으로 즐거운 시간이었습니다. 정 초에 맛있는 음식을 주시고 또 이어 좋은 음악을 들려주시어 한껏 기뻤습니다.

저도 Paris에 온 지 27년이 되어, 지나간 일들을 모아 문화원에서 전시할 계획입니다. 3월 14일이 초대일인데 아직 초대장이 준비되지 않아 못 보내고 있습니다. 그날 꼭 참석해 주시면 참으로 기쁘겠습니다. 대사님께서도 공무가 없으시다면 모시고 함께 즐거움을 나눌 수 있게 해주시기를 고대하오며 간단히 소식 드립니다. 안녕히 계십시오.

方惠子 올림

존경하옵는 선생님께
_le 17 Mars. 1988

　Paris를 떠나는 날부터 선생님께 감사 글을 올린다는 사람이 이제사 붓을 들었습니다. 3인 4인 몫을 하시는 선생님을 늘 반쯤만이라도 흉내 내고 싶은데 아직도 먼 것 같습니다.
　그동안에도 얼마나 바쁘게 지내실까요?
　저는 미국에서 언니와 같이 꿈같은 날을 보내고 좋은 첼로도 구해 가지고 왔습니다. 집에 돌아와 보니 두 남자들의 생활이 어찌나 어지럽던지…… 모든 것을 정리하고 나니 한 달이 후딱 가고 학교가 시작되었어요. 아직도 정해진 직장은 얻지 못하고 이대에 두 시간 그밖에 여기저기 시간을 받아서 가르치기 시작하였지요. 느긋한 마음으로 서울에 가서 하룻밤을 자고 이틀을 가르치고 나머지는 춘천에서 소설책 읽어가며 이것저것 앞으로의 계획을 세우고 있지요.
　우선은 제 논문을 정리해서 다시 Paris에 보내는 일이 있고 가능하면 J. Chailly의 'Elément de la philologie musicale'을 번역해 볼까 하지요. 그리고 올가을이나 내년 봄에 Recital도 해 보고 싶어요.
　처음에는 직장이 결정 안 되어 초조하였는데, 애비 왈 "먹여 줄테니 조바심내지 말라."고 해서 그 말에 따르기로 하고 제게 주어진 모든 것에 감사하면서 그것들을 만끽하기로 했습니다.
　저희 식구들은 모두 각자 일에 열심입니다. 애비는 학교 수업에

Titres을 '전쟁과 평화' '기호학과 정치' 등 기발한 것을 정해 놓고 자신이 사서 고생 중이고, 우리 말썽꾸러기 5학년 지승이도 이번 해에는 '돌대가리' 별명을 면하고 all 100을 하겠다고 폼만 재는데 어찌 될지요.

Paris에 있을 때 선생님께 좋은 말씀 많이 들을 기회를 놓치고 만 것이 무엇보다도 후회스럽지요. 그렇지만 선생님 사시는 진지한 모습에서 말씀보다 더 큰 것을 배웠다고 생각하지요.

두서없는 글이지만 선생님께 감사드리고 싶었습니다. 늘 건강하시옵고 즐거운 나날이 되시기를 기원합니다.

춘천에서 김경순 올림

PARIS - Pont Alexandre III et les Invalides

사모님 전
_1988. 4. 24.

그동안 안녕하시옵니까?

안개가 끼어있는 Tunisie 공항으로 들어오니 전혀 다른 세계가 기다리고 있었습니다.

생소한 문화, 가난, 단조로움

느릿느릿한 생활의 리듬이 피부에 확 와서 닿는 것은 며칠 바쁘게 생생한 사모님의 생활 테두리 속에 있었기 때문에 더한 것 같았습니다.

사모님의 생활은 마음속에 모든 게으름이 깨우쳐 일어나게 하는 것이었고 커다란 놀라움이었습니다.

넓은 생활의 테두리.

완벽한 역할을 보는 것은 어느 예술품보다 마음을 기쁘게 해주었습니다. 제가 아는 어느 여자보다도 부엌과 책상을 완벽히 지키고 계신 것 같았습니다. 음식 하나하나에 그 살뜰한 맛들과 일찍 드셔 빵 냄새가 풍겨나고, 새벽녘에 집을 총총히 학교로 떠나시든 것, 물건 하나하나 가격을 외우시면서 싼 것을 찾으시면서도 후배에게 한 보따리 푸짐하게 싸 주시든 것.

변 대사 말마따나 사모님! 정말 에라이네!!

형편없는 구조의 관저(여태껏 있든 어느 집보다) 하꼬방 같고 이곳저곳에 어설픈 수건으로 만져진 수도, 벽, BAth tub는 집 안에 하나고 샤우어는 2개……

그렇지만 이 큰 공간이 다 내 것이고 나 혼자만 숨 쉴 수 있다는 게 그리도 좋을 수 없습니다. 여러 집에 여러 취미 속에서 얻어다 놓은 듯한 가구며 도구들도 신이 나서 이리 놨다, 저리 놨다, 며칠 했습니다.

뚝 떨어진 후미진 곳에 정적이, 다른 방에 있는 큰소리를 들리게 하고 새들의 지저귐에 귀 기울이게 합니다.

이 정적은 한동안 내게 멀었던 내면의 소리를 가깝게 해줍니다.

이제 다시 내 생활을 할 수가 있습니다.

크게 숨을 쉬고 무언가 다시 시작하는 것입니다.

제가 어디 가나 제일 좋아하는 것.

저녁 후 개들과 마당을 걷는 것 다시 시작했습니다. 어둠과 쫓아다니는 개들(큰 세파트 2마리)의 숨소리와 나무들의 냄새가 저를 행복하게 합니다.

Paris서 제게 해주신 배려, 감사드리는 게 오히려 죄송한 듯합니다. 담요는 그런대로 이곳에도 있는데 괜한 보따리였습니다. 먹을 것은 하나하나가 그리도 보배롭습니다. 특히 사모님이 만들어주신 배추김치!(이 시골에서 Paris 김치 맛이 어떤지 말씀드리기가 어렵습니다) 며칠을 베틀하고 감칠맛 나는 음식 먹다가 도착한 저녁 참사관 부부가 데리고 간 중국집은 어찌나 을씨년스럽던지요.

시끄럽고 지저분한 것을 넘어스고, 먼지 날리는 단조로움과 친해지면 좀 더 자연 그대로인 밝은 태양, 파란 바다를 마음속에 받아드릴 수 있을 것 같습니다.

가능성 속에 어떠한 것도 버리지 않겠습니다. Paris에서 실례를

무릅쓰고 폐를 끼쳐드리며 얻은 산 교훈이옵니다.

안녕히 계십시오. 대사님과 두 따님 그리고 어머님께 간곡한 인사 아울러 드립니다. 깊은 존경과 더불어.

지중해 튜니지에서 이달호 올림

P.S: 언제 내려오십니까?

시골 역에 한번은 이유 없이 내리듯 그저 와 보실만한 곳은 되는 것 같습니다. 양탄자, 산호, 터키석을 딴 곳보다 싸게 살 수 있고, 무엇보다도 문화와 두절된 지중해가 푸르르게 있습니다. 저는 별로 모르지만, 아랍음악도-전혀 다른- 이색적일 것 같습니다.

기다리겠습니다.

사모님께
_1988. 4. 28.

지금은 다시 좋아하는 Paris로 가셔서 바쁘고 보람된 생활을 하실 줄 압니다.

한 대사님께서도 안녕하시고 난이랑 동생들도 잘 지내겠지요. 사모님께서 열심히 도와주신 침례교회 바자도 큰 성과를 거두었는 줄 생각합니다.

보내 주신 사진들과 편지 참으로 반갑고 고마웠습니다. 외교관 생활 25년 만에 모처럼 간 Paris 여행이었는데 사모님께서 사진 안 찍어 주셨으면 증명사진이 한 장도 없을 뻔하였지요. Paris 여행 기념으로 귀중한 추억들입니다. 다시 한번 진심으로 감사드립니다. 짧지만 참으로 보람 있고 재미있게 지냈습니다. 정말 또 가고 싶은 곳이구요…

Harvard에서의 특이하고 편한 생활도 얼마 남지 않아 아쉬운 마음으로 보내고 있습니다. 그동안 아이들하고 가까이서 지낼 수 있어 참 좋았습니다. 5월 말까지 논문 끝내고 6월 초에 있는 극동 여행 프로그램(일본, 한국, 중공 여행)을 끝으로 이곳 생활도 정리하고 7월 중순경 서울에 돌아갈 예정입니다.

즐겁고 보람된 Paris 생활 오래오래 하시기를 빌며 온 가족 건강하시고 하나님의 은총이 항상 함께하시기를 기원합니다. 난이에게도 좋은 소식 있기를!

5월에 미국 오시면 - 혹 Boston에 오실 수 있으시면 연락주세요.
다시 한번 감사드리면서……

Mme 이시영 올림

이영자 선생님께
_1988. 5. 26.

선생님 안녕하셨어요?

지난 3월에 귀국하셨을 때 뵙지 못해서 섭섭했지만 다 제가 게으른 탓이니 할 수 없죠.

저는 지금 제가 사랑하는 모교 정신여중에서 정 교사가 되었어요. 제가 사랑하는 학교에서 교사로 있게 되어 하나님께 감사드려요. 담임까지 맡고 보니 아이들이 기대에 미치지 못하고 게으름을 피우거나 꾀를 부리면 마음이 안타까워져요.

아이들이 어려워할 때 특히 가정일로 힘들어할 때 절 찾아와요. 그럴 때면 선생님 생각이 나고, 선생님께 힘든 일을 말씀드리던 제가 너무 어렸었다는 생각도 해요. 아이들의 모습 속에서 지난날의 저의 생활을 돌이켜보게도 되지요. 지금도 어리지만, 아이들 앞에서는 성숙한 체하고 있어요. 그런 제 모습이 우습기도 해요.

지난날들이 다시 돌아왔으면 좋겠어요. 그럼 후회 없이 보낼 텐데요. 지난날들을 생각하면 선생님께 감사드려요.

선생님, 앞으로도 건강하시구요. 하시는 일 모두모두 다 잘 되시길 기도드리구요.

소망과 사랑과 기쁨이 가득 넘치시기를 바랍니다.

이정림 올림

Chère 엄마
_4, June 1988.

    Sorbonne에서 공부하시느라 고생 많으신 엄마…… 열심히 사시는 엄마의 1/100,000,000이라도 되는 딸이 되려니까 굉장히 인생 힘들고 신경질만 북북나는데……
    어쨌든 '훌륭한' 엄마(아부가 심하군!) 알차게 생활하는 엄마께 CHAPEAU!!!(존경한다는 말)
    이번 한 해도 또 엄마께서 하시는 일들이 싹- 잘 풀리게 빌께요.
    「잔말 말고 Bartók나 분석해라……!」… 지금 엄마께서 하시고자 하는 말씀- 저희는 세 자매 모두 엄마처럼 본받아서(소리 지르는 것 제외) 열심히 살아볼까 하는데…… 어떠신지……
    진심으로 생신 축하드립니다.

Love 문제아 난이

이영자 선생님께
_1988. 6. 22.

　이거 참 뭐라고 인사부터 드려야 할지 모르겠습니다.
　지금 이곳은 세브란스(신촌) 병동 23동 258호실입니다. 작년 7월에 뇌종양(양성) 수술을 받은 이래 4번째 다시 입원했습니다. 재발은 아니고 첫 번 수술 후에 받은 방사선 치료의 후유증인 것 같습니다. 완벽하게, 돼지 사육당하는 기분입니다. 그저 누워서 주사 꽂고 밥이나 받아먹고…
　그간 안녕하셨습니까? Belgium에서 돌아온 후로 인사도 제대로 못 드리고 해서 벌을 받나 봅니다. 어떻게 지내시는지요? 이제 그만 돌아오시죠. 그 전에 박은희 선생 Paris 가실 때 소식을 드리려다가 그것도 시간을 놓쳤습니다.
　이곳 돌아가는 소식은 선생님께서 더 잘 아실 터이고, 요사이는 수업도 거의 못 하고 있지만, 그저 생각 같아서는 다시 한번 나가서 공부를 좀 더 해 보고 싶은데 말입니다.
　황성호도 여러 군데 나가면서 왕성한 활동을 하고 있고, 조성희는 독일로 또 가 버렸고요. 이상한 것은 한혜리가 돌아오지 않는 점입니다. 다 자기 생각이 있겠지만 아마 돌아와도 선생님께서 여기서 좀 돌보아 주셔야 할 것 같습니다. 이 동네가 어찌나 난리법석인지…
　이남수 선생님은 건강은 완전히 회복하셨고, 최 선생은 매일 2~3

시까지 대포를 하시며 건강을 자랑하곤 하시는데 좀 불안합니다.

　병원에 갇혀있는 것은 답답하지만 술, 담배, coffee 못 하는 고통은 대단합니다. 담배는 별로 생각이 안 나는데 술, 특히 coffee는 정말로 Bruxelles에 있을 때는 GB Café 먹는 재미에 살았는데 말이죠.

　아무튼, 넋두리가 되었습니다. 마주 앉아서 말씀을 나누어야 신날 터인데… 돌아오셔서 반갑게 뵐 때까지 건강히 안녕히 계십시오.

　저희는 지금 3살 난 아들이 하나 있고 40~50일 후쯤 이사를 갑니다. 또 연락드리겠습니다.

박일경 드림

Dec. 22, 2023

이영자 선생님.

곁에나마 믿음직하게 되어 정말 행복합니다.
또 대반들이 같이 모이는 화목하신 찬모기 좋습니다.

여기 배경은 외부일경과 감옥의 측으로 몸주하신 중에다 가짜를 능숙하게 전환해 내시는 선생님이 또 한번 존경스럽구요.

연말에 의해 바쁜신중에도 시간을 내어주시고 식사까지 대접해 주시니 몸둘바를 모르게 감사합니다.

온가족이 복되 평안길이 되시길 내년 한해도 건강 하시길 기원합니다.

사랑합니다.
감사합니다.
허진아 드림 ♡

이 선생님
_1988. 7. 20.

여행을 가신다고 듣기는 했지만, 행여나 계시지 않을까 하고 희망을 가지고 Lyon 역에서 전화했더니 떠나신 후였습니다.

공연히 순간적으로 공허함을 느꼈습니다. 선생님께서 보살펴 주신 따뜻한 마음이 제 마음에 담겨져 있습니다. 여러 가지로 감사드립니다. 저는 몽블랑에서 2박을 지내고 베니스를 거쳐서 후로랜스를 찾았고 다시 로마에서 여정을 풀고 이태리의 이곳저곳의 시골을 보면서 많은 생각을 했습니다.

서울에서 늘 보던 이웃을 떠나 이국에서 이방인들 틈에 끼여 얼마를 지나고 나니 이제 다시 고향이 그리워집니다.

선생님께서도 같은 심정으로 여행하시리라 믿습니다. 많이 즐기시고 많이 고독도 씹어보세요. 훗날 서울에서 만나게 되면 종종 선생님과 이야기 나누고 싶습니다. 서울에 오시면 꼭 시간을 내주세요. 성처럼 아름다운 대사관저의 예쁜 방에서 공주 된 기분으로 자고 갑니다. 주신 선물도 모두 가지고 갑니다.

건강에 유의하시고 안녕히 계세요.

파리 선생님 댁에서 선생님 사랑받고 가는 김숙희 올림

선생님께

_le 9. Août. 1988.

지난 주말에 스페인에서 돌아왔어요. 원래의 계획은 스페인을 출발하여 스위스로 갈 예정이었는데 스페인에서 불란서로 넘어오는 동안 너무너무 더워서 모두 짜증이 나서 다 포기하고 브륏셀로 직행했지요. 국경을 딱 넘어서니까 시원한 바람이 불기 시작하던걸요. 선생님은 어디를 다녀오셨는지요.

요즘 며칠은 이곳도 꽤 더운 것 같아요. 더위에 익숙하지 않아서 그런지 햇빛이 쨍쨍한 날은 머리가 멍하니 정신이 없어요. 7월에 본 Fugue 시험은 다행히 잘 치루어서 Diplôme을 받게 됐어요. 정말 너무 기분 좋구 신이 났었지요.

선생님이 전에 알려 주신 11월에 불란서에서 있는 작곡 콩쿨을 시작하면 너무 늦었을까요? 그동안은 공연히 후그 때문에 마음이 바빴거든요……

이곳은 15일에서 17일까지 3일 동안 5년마다 한 번씩 열리는 꽃 카펫트 전시가 Grand Place에서 열려요. 선생님은 옛날에 여기 계셨을 때 보셨겠지요.

넓은 광장 돌바닥에 꽃으로 무늬 놓는 것, 경비가 너무 많이 들어 없앤다고 했었는데 이번에 다시 한대요.

선생님 준영이랑 보러 오세요. 굉장히 근사하대요.

저도 파리에 가야 하는데 여행 갔다 와서 지쳐서 앉아 있다 보니 세월이 마구 가네요. 작곡 준비를 좀 해가지고 갈께요.

가기 전에는 전화를 드리구요.

건강하시고 대사님께도 안부 여쭈어 주세요.

혜리 올림

한 부인께
_1988년 가을 서울서

날씨가 무척 덥습니다. 한 대사님, 따님들 모두 안녕하십니까?

이번 Paris 방문 시에는 너무나도 따뜻한 대접을 받고 또 관저에서 알뜰하고 맛있는 음식 솜씨까지 베풀어 주신 것 깊이깊이 잊어지지 않습니다.

평생을 외무부에서 살아온 우리로서 우리 외무부 가족이 그토록 열심히 국위 선양하고 있는 것을 직접 볼 수 있는 기회를 가진 것을 감사하며, 또 따뜻하고 한 가족 같은 분위기 속에서 지내온 나날이 귀중하고 '추억은 아름답다' 하는 말 그대로입니다.

지금도 아름다운 Paris의 모습이 눈에 삼삼하며, 부인께서 그렇게 알뜰하시고 가족적인 요소를 담뿍 가지고 있는 분이라 하는 인상을 깊게 받았답니다.

구라파 하면 Paris라고 할 만큼 Paris 애호가가 되었답니다. 특히 교외의 Paris 불란서는 더욱 아름다웠습니다.

그 작은 섬에서 먹은 크랩과 노트르담 사원의 아름다운 모습도 좋았고, 개선문과 에펠탑 앞에서 찍은 사진을 보면서 즐거웠던 순간들을 추상도 해 봅니다.

감사의 편지 쓰는 것이 이렇게도 늦어진 것을 용서하세요. 날씨도 무척 덥고 이사 온 집에 냉각 시설도 없고 쩔쩔매다 세월이 흘러

갔습니다.

남 불란서 니스, 칸느, 몬테카를로 등 평생 보고 싶은 곳을 갔으니 소원이 이루어진 셈이지요. 제네바도 퍽 아름다웠죠.

부인께서는 Paris에서 학생 생활도 지나셨고 지금은 대사 부인으로서 활약하시니 얼마나 바람직한 일이며 흐뭇합니까? 참 뵙기 아름다운 풍경이라 하겠습니다.

이달이 넘기 전에 부인께 이 감사의 편지를 띄웁니다. 그동안 편지 못 써서 퍽 고민했답니다.

내내 안녕하시고 두 분이 하시는 일들이 잘 이뤄지시길 빌면서 이만 줄입니다.

Mrs. 김 드림

존경하는 대사님 내외분 惠存,

즐거운 성탄과 새해를 맞이하여 대사님 내외분의 육체 만강 하심을 기도드리오며 다시 뵈올 날을 고대 합니다. 저는 내년 봄에 공관을 옮기게 될 것 같습니다. 파리에서 많은 것을 배웠으니까 새로운 땅지에서 새로운 것을 배워 보고자 합니다.

Meilleurs Vœux

90. 12. 18
주OECD대사관 최재철 올림

영자 언니!
_1988. 12. 18.

　내외분 두루 안녕하시고 공사다망하시리라고 믿습니다. 공주님들도 보람 있게 열심히 노력하리라고 생각됩니다.
　여러 가지로 복되고 감격스럽습니다. 대사님, 언니의 노력으로 이루신 행복이지요. 열심히 노력하시는 영자 언니, 때때로 문득 생각합니다. 이운경 씨, 존타 회원 오며 가며 모두 대접받고 와서 자랑하고 정말 고마워하세요.
　어서 3월이 되면 뵙게 되겠지요. 정말 어수선합니다. 아무도 나오는 사람 없고… 언니 보내 주신 엽서 액자에 넣어 옛 추억이나 더듬으면서 세말을 보내야지요. 감사합니다.
　아이들 덕분에 무고하고 금년에 쉬고 후년에 대입시험이지요. 갈수록 태산이지요.
　언니 잘 물색하셔서 그곳에서 사윗감 고르세요. 그것 큰 숙제예요. 논문 쓰시느라고 잊으실까 봐 채근합니다. 이곳 오시면 조건도 많고 말도 많고.
　언니가 소원 이루고 결혼하신 Paris에서, 따님도…
　무엇보다 건강 제일이니 몸조심하시고 두루 살피세요. 여러 가지…
　운전 잘하세요.

"새해에도 뜻 이루시고 소원 성취하옵소서."

봄이 오기를 고대하며 춘삼월 꽃 필 때 뵙겠습니다.

언니 편지 받고 너무 즐겁습니다. 감사합니다.

김순희 올림

사모님 전
_1988

귀한 시간 뚝 떼서 제게 편지해 주신 것 얼마나 감사하든지요. 질퍽하게 늘어지지 않고, 열심히 사시는 것 확 느껴져 큰 지침이 되곤 합니다.

Paris에서 지내시는 것이 멀리 앉아 가끔 생각하면 참 크게 느껴집니다. 누가 사모님만큼 Paris에 흠뻑 빠져 살겠습니까? 그전에도 앞으로도 없을 것 같습니다. 중국집 가실 때도 당신이 운전해 획획 달리시고…… 여름에 다 휴가 보내시고 혼자 계셨다 하셨는데 그 시간들이 우리들이 늘 바라고 있는 Paris(진정한 의미의)가 아니겠습니까? 그건 어디 계셔도 마찬가지라 믿습니다.

그 밤중에 깨셔서 콩나물 대가리와(고상한 말로는 무어라 그러는지요?) 씨름하시며 투명한 창공을 나르고 계신 것, 나르려 하시는 것 저는 사모님 그 노력을 애틋한 마음으로, 흠모로 보고 있습니다. "제일야! 지독한 양반야." 하면서.

언제부터 인가 생활은 소홀히 하고 지적인 작업만 하는 사람들의 구멍을 보기 시작했습니다. 제가 존경하던 여자분이 있었는데 아주 스토익하게 공부를 하는 분이었습니다. 게다가 예리한 눈을 갖고 있어 보는 눈, 분석 논리, 문학적 센스, 생활력 그건 확실히 값어치 있는 인간의 형태였습니다. 언젠가 그분을 방문한 적이 있는데 친정어머니가 살림을 하고 있는 것, 그 어머니가 방구석에 있는 요강을 들고 나가시는 것을 보고는 왠지 설명할 수 없는 구멍을 본 것 같았습니다. 사모님의 훌륭한 점은(물론 다른 사람 눈에) 국간, 깻잎, 기찬 음식 맛과 콩나물 대가리(아무래도 고상한 말이 아니라 죄송한 생각이 듭니다.) 사이에 달리시는 그 모습입니다. 정신적인 면에 조금이라도 발을 디밀고 있는 사람들은 타인이 느끼기에 빵 껍질 같은 경직을 느끼게 마련인데 사모님은 그런 티가 없으십니다. 태를 안 부리고 그토록 자연스러우십니다. 그게 된장국과 냉이 깻잎, '들들들' 재봉틀 때문이 아니겠습니까?

우리가 어디 있든 똑같은 리듬으로 사는 것이니까 어디에 계셔도 "나 학교 간다." 하시며 집안이 아직도 어둠에 차 있는데 커피 냄새 남겨 두고 살림 때는 고스란히 벗어제치시고 주머니에 손 넣고 나가실 테니깐… 그 멋 가지면 그 부지런 가지면 울릉도인들 뭐 다르겠습니까?

저는 또 그런대로 잘 지내고 있습니다. 가끔 우울하기도 하고, 정신이 맑아져 똑바로 걷기도 하고, "아! 정말 시시하다. 아! 좋다."의 굴곡을 오르락내리락합니다. 대사 부인 노릇도 골목대장 노릇인데 꼬마들이 점점 달라져 가, 골목도 골목 놀이도 없어진 곳에서 다 큰 어른이 "따따따 나팔 붑시다" 하는 것 같아 혼자 비시시 웃을 때도 있습니다.

이제 공관장 회의라니 한 바퀴 휙 돌 기회가 오게 되어 다행입니다.

늘 평안하시옵기를 빌며 난필 줄입니다.

튀니지에서 달호 올림

P. S. : 보내 주신 사진 감사합니다.

존경하올 스승님
_1988년

어김없이 찾아오는 성탄과 새해!

그러나 올해 성탄 인사를 드리는 저의 느낌은 마냥 새롭고 설레이기까지 합니다.

신앙의 고향처럼 느껴지고 샬트르 성바오로회인 저희 수도원의 모원인 프랑스에 계신 우리 스승님을 향해 큰절 올리는 마음은…

가슴 깊숙이 기뻐하며 축하를 드립니다.

3월에 직접 뵐 희망을 가지고 무척 기다렸었는데 바쁘셔서 그냥 떠나셨나 봅니다. 주소와 소식이 궁금해서 전화를 여러 차례 했었으나 허사였습니다.

대사관을 통해 얻은 주소로 소식을 드리면서 행여 전달이 되지 않으면 어떻게 하나? 하며 확실한 소식 기다립니다.

자주 접하게 되는 프랑스 소식을 들을 때마다 프랑스 성가들을 한국어 성가로 만드는 작업을 하면서 늘 선생님을 생각합니다.

아주 소중하고 자랑스럽게요.

기도 안에서 가정의 행복을 기원드립니다.

제자 연제련 수녀 드림

뵙고 싶은 이영자 선생님
_1월 12일 1989년

안녕하세요? 저 혜란이에요. 지금 강희성 아범이 이곳 Aspen에서 Physics Conference가 있어 와 있어요. 덕분에 내일모레면 50이 다 된 처지인데 스키 배운다고 새삼스럽게 눈에 넘어지고 뒹굴고, 야단이겠지요.

Providance에서 무엇 하느라고 그렇게 잘잘 매는지 이렇게 종이와 연필을 들고 앉아 차분히 생각을 정돈할 틈도 찾지를 못해서 이렇게 뵙고 싶은 분께 인사도 못 드리고 해를 넘기곤 하지요. 늦었으나마 신년에 만복이 댁내에 가득하시기 기도드리며 세배 대신 합니다.

강경식, 강희성, 함혜란이요…

사모님께
_1989년 2월 8일

바다가 눈 앞에 펼쳐진 Corse에서 편지를 올리게 되었습니다.

내일이 불러 주신 날이라, 못 가게 된 섭섭한 마음에서 펜을 들었습니다.

해마다 맛있는 음식과 환하신 모습으로 많은 동포들을 즐겁게 해 주시는 것에 감사드리고 싶습니다.

평소에 한번 집에 모시려고 늘 마음속에서만 생각하며 지내니 저의 생활이 느긋하게 펴질 때가 있을지 모르겠어요. 항상 바빠 지내며 참으로 원하는 일들은 마음속에서만 노래하게 됩니다. 겨울 내내 아퍼 결국 이곳에 있는 의사 친구 집에 와서 치료도 받고 또 부인의 따뜻한 정으로 몸과 마음을 다스리고 있습니다.

심장, 폐 모두 고장이 난 모양으로 쉬는 길밖엔 없게 되었습니다.

Paris의 숨찬 생활을 벗어나 하늘을 보고, 바다를 마시며, 햇빛을 온몸에 담는 것이 얼마나 기쁜지 모르겠습니다. 자연과의 대화를 다시 나누며 자신의 리듬으로 시공을 느낀다는 것은 아주 귀한 일이라 생각됩니다.

새로운 창작의 걸음을 쌓으며 보이는 모든 것을 마음의 눈으로 아끼고 있습니다.

내일 모임에 마음으로 참석하기로 하고 오늘은 간단히 맺습니다.

너무 무리하지 마시고 건강하시기를 마음 깊이 비오며 안녕히 계십시오.

方惠子 올림

조금씩 인지력 떨구는 남편 옆에서
걸어 가는것, 여러가지 느낌이 듭니다.
다행이도, 마음속에 "도리" 라는 개념이
꽉 박혀 있어, 마음 다스리는데 써먹고있지요.
다시 한번, 긴 편지 주신것 감사 드립니다.

달호 올림.

2021. 6. 19.

사모님 전。

보내주신 잡지, 특히 편지
잘 받았읍니다。 그전에도 보았을 텐데,
힘찬 남자 같은 필체에 놀랐지요。 영,다른이들와
다르게 느껴졌어요。 또.
  <400평, 별장 … 딴 세계 일 같네요.>
아직도 건강 하시고, 5명 식사 준비 하시니
그 방면이 제가 늘 주시 하는 거고, 다른 사람과
사모님 구별 하는 겁니다。 콩나물 대가리를 다투거나
연필을 다투거나 하는 여자를 많이라는 거리
두거든요。 신기복 대사 부인 말마따나, 우리가
Model 로 삼을 사람은 사모님 뿐입니다 ㄴㄴ

존경하는 사모님 전
_1989. 5. 10.

보내 주신 사진 잘 받았습니다. 너무 장수가 많아서 죄송했습니다. 그걸 다 보내시다니!!

파리 있을 적에도 변변한 사진 한 장 못 가졌든 주제에 얼마나 감격했겠습니까? 게다가 두 번이나 하서를 넣어 보내셔서 진실로 기뻤습니다. 읽고 또 읽고.

요즈음은 가끔 생각하다 보면 제가 아는 사람들 중에선 사모님이 제일 존경이 갑니다. 사모님 생각하면 저절로 마음이 풍요로워집니다. 제가 보는 한에서는 사모님만큼 이쪽저쪽으로 멀리 간 사람은 없는 것 같습니다. 저쪽으로 얼만큼, 가 계신 지는 저로서는 알 수 없습니다만 그곳으로 뛰어가신다는 것만으로도 저로선 중요합니다. 이쪽이야 저도 웬만큼 아는 세계이오나 음식 간, 맛갈스런 맛, 들들들 재봉틀 누가 당해내겠습니까?

'Padame Padame' 들으며 빨간 차 몰 만한 사람이라면 대개 다른 사람에게 조그만 관대함이라도 어렵습니다. 준영이 연주하든 날 딸 친구를 집까지 데려다주시는 것 보고 '이 양반 마음이 보통 부처님 가운데 토막이 아니구나' 했습니다.

그날 철갑으로 감기가 들어 계셨는데 말입니다. 나이가 들어도 마음이 착하게 남은 것 그것도 당할 사람 없습니다.

이곳의 저, 그런대로 잘 지내고 있습니다. 주어진 이 생활환경 속에서 가끔 답답할 때면 '나무 한 그루만 있어도! 하든 때는 언제구?' 하면서 저를 나무랍니다. 뭉텅이에 조용한 시간 넓은 공간들 갖고도 시무룩할 때가 있는 것 보면 수양과는 아직도 멀은 듯합니다.

시간을 자잔한 여러 일에 나누고 있습니다. 그러다 그저 획 지나가는 창 너머 보이는 것들에 한순간 마음이 퍼져 갈 때면 제가 살아 있는 것에 감사하기도 합니다.

창 너머 멀리 언덕 위에 층층이 자리 잡은 아랍식 흰 집들, 그 집들 사이사이에 사이프러스 나무들, 그 위로 Tunisie 특유의 햇빛이 내려쪼이면 다들 아름답다고 합니다. 그 속에 깊이 자리 잡은 수천 년 내려온 단조로움을 감지할 때마다 마음이 저립니다. 이곳서 오로지 값져 보이는 것은 그 단조로움, 날리는 모래바람 속에서 묵묵히 사람들이 살고 있다는 것입니다. 그것도 의젓하게.

이슬람교에 대해 귀에 들리는 것마다 주워 모읍니다. 그 중 mosquée 벽에는 다른 교와 달리 그림이 없고 흰 벽이라는 것, 의미 있어 보입니다. 그건 삶의 단조로움을 그대로 보는 것, 미화하지 않고 그대로 보는 것이라 생각됩니다. 워낙 귀가 약하고 속에 든 것이 없는 데다 옆에서 들 이슬람교 이게 좋다 저게 좋다 해서 그런지 꽤 괜찮다 싶습니다. 그래도 걱정은 놓으십시오. 다시 뵈올 때 Neil 뒤집어쓸 지경은 아니옵니다.

안녕히 계십시오.

이달호 올림

Mme. 한께

_Le. 24. Juillet. 1989.

잔뜩 바라고 있던 Weekend였기에 어제 하루는 우울한 마음으로 지낸 일요일이었는데 오늘 아침 들어온 소포와 같이 따라온 엽서로 흘러넘치도록 풍부한 우정을 새삼스레 느껴볼 수 있었던 것, 어찌나 귀한 경험이었는지 잠시 그 눈부실 듯한 한국 옷감을 염치없이 받고 말게 된 죄송한 처지까지 잊을 수가 있게 되었답니다. Vacances를 떠난 친구가 돌아오는 대로 잘 의논하여 보내 주신 보람이 있도록 긴하게 자랑스럽게 입고 다니겠습니다.

동생 김정자의 권함을 받아 첫 번 지난여름에 만나 뵙고 따뜻한 대접을 받고 돌아온 그 날부터 무엇인지 옛날부터 알고 아끼고 싶었던 친구 하나를 다시 찾게 된 기분이었으며 나 자신이 젊었을 때부터 아끼고 추구하고 싶었던 Valeur 등을 Mme. Han께서 그 어려운 환경 속에서도 계속 추구해나가고 계신 모습을 엿볼 수 있을 때 흐뭇하고 자랑스러운 마음 비할 길 없습니다. 음악을 몹시 사랑하면서도 음악가가 되지는 못한 제자신이지만 음악가 뒤에 숨은 고생과 수고 또 따라오는 환희 등도 짐작해 볼 수 있는 능력에는 자신이 있다고 생각됩니다. 편지에 말씀하신 대로 공부가 어느 정도 일단락이 되거나 대사관 행사 등에서 좀 해방되시면 찾아와 주실 것을 기다리겠습니다. 무엇보다 우선 한국으로 떠난 일하는 분 대신으로 착실한 도움을 받을만한 사람을 속히 구하게 될 것을 바라지 않을 수 없습니다.

   전화를 드릴까 하다가 어색한 저의 글씨로나마 너무나도 감격된 저의 마음의 일부라도 전하고자 pen을 들었습니다.

   멀지 않은 날에 만나 뵙게 되기를 바라면서.

Dijon에서 김옥순 올림

존경하는 이 영자 교수님!
88세 생신을 축하 드립니다.
세월, 나이와 상관없이
젊음 뗘치시는 교수님의
에너지에 박수를 보내며.
앞으로도 건강을 유지하셔서
하시고자 하는 일들을
잘 이루어 나가시기를
기원합니다.

2019. 6. 1.

나 호 선 올림

사모님께

_Paris, le. 3. Nov. 1989.

그동안 별고 없으셨는지요? Grace를 통해 이곳 Zonta Club의 소식을 알고 계시리라 생각합니다. 11월 14일 자축연에 오시기를 모두 고대하고 있답니다.

10월 모임 때는 서울의 Zonta Club과 자매결연을 맺자는 친구들의 대다수 의견이 나왔습니다.

제가 그동안 써 놓아둔 자작시와 음악을 전제로 한 짧은 '시극'도 말씀드릴 겸 빠른 시일 내에 뵈었으면 하는데 시간이 되시려는지요? 되도록 Grace가 한국 여행하기 전이면 좋겠고 아니면 11월 14일 이전 중 연락을 주시면 감사하겠습니다. 저는 매일 목, 금요일은 Bordeaux에 있고 그 외엔 Paris에 있습니다.

Paris-서울의 Zonta Club의 발전을 기원하며

김보나 올림

이영자 선생님께
_1989. 11.

　이곳에 온 후 소식 꼭 드리고 싶었어요. 신설 공관 관저의 준비와 동시에 시작된 공관 업무, 외교… 이 모든 일에 휩싸여 조용한 시간 갖기 어려웠습니다. 올해는 가장 바쁘고 일 많이 한 해가 되었어요.
　한우석 대사님 항상 건강하시고 분주하시지요? 이영자 선생님 박사 학위 하신다는 소문 듣고 놀랐지요. 참 정열적인 분이세요. 감탄할 뿐이에요.
　저희는 Boston에 와서 학자들, 총장들, 이곳의 국회의원, 변호사, 상공인들 틈에서 바삐 돌고 있습니다. 워낙 학교가 많아서 학술 회의가 많군요. 미국 오실 기회 있으시면 꼭 들르세요. 음악학교도 많고, 모두가 배우고 발전하는 지식인들로 꽉 찬 곳입니다.
　이영자 선생님과 한 대사님 오시면 저희는 영광일 뿐이지요.
　경선이 작품을 발표한 모양이에요.
　열심히 해요.
　지난 6월엔 어머님 서거하셔서 다녀왔고, 올겨울엔 서경선 선생이 다녀갈 것도 같아요. 오래 뵙지 못한 이영자 선생님께 저희 소식을들 드리고 싶어서 잠시 짬 내 두서없는 내용 드렸습니다.
　요즈음 대통령께서 프랑스 방문 중이시니 또 얼마나 바쁘시겠어요.

항상 건강하시고 두 분 다 평안하시어 새해에는 기쁜 소식 많이 주시기를 빕니다.

Boston에서 서경옥 드림

이영자 선생님

계수 음악회 축하드립니다.
앞으로도 늘 건강하시고 좋은 작품 많이 쓰시기 바랍니다.
선생님이 아껴주시는 후배의 한 사람이라 스스로 생각하여 행복합니다.
2019. 6. 1. 박올옥

사모님 전
_1989. 12. 2.

우선, 다시 한번 축하드려야겠습니다.

모든 속되고 비릿비릿한 것에 대한 승리이지요. 정말로 기뻤습니다. 좀 놀라기도 했습니다.

사막에 며칠 가 있었습니다. 밤이라 별들이 차갑고 아름다웠고 사막의 황량함은 오랜만에 가슴이 저림을 느끼게 했습니다.

사막에서 돌아오니 긴 편지가 기다리고 있었습니다. 단숨에 읽고 나서 '이 양반, 왜 글을 쓰시지 콩나물 머리만 갖고 노시나.' 했습니다. 머릿속에 맴도는 Melodie를 콩나물 머리로 잡던 분이라 글도 꼭 그 식이었습니다. 아주 조그마한 느낌들이 빨리 포착되어 글로 표현되어 있었습니다. 무리 없이 세련되게 그리고 아주 자연스럽게… 아마도 제가 사모님의 콩나물 머리들을 읽을 수 없는 아쉬움 때문일 겁니다. 이리저리 둘러보아도 제 주위의 가까운 사람들 중에는 사모님이 그 중 멀리 가셨고 그중 넓게 자리를 잡았습니다.

'아! 이 양반이라면 무엇이든지 믿을 수 있고 존경할 수 있다.' 하는데 그 비약의 리듬을 까막눈으로 보고 있으니 안타깝습니다. 그래, 또 한 차례 얼마나 애쓰셨습니까? 요란한 장면들이었을 것 같습니다.

내년에는 Paris를 떠나신다니 제가 다 섭섭합니다. 그냥 계속해서

계시면 얼마나 좋을까 생각해 봅니다. 어디를 어떻게 가셔도

사모님은 '멋쟁이'로 남으실 것입니다. 냄비 앞에서 여전히 국도 끓이실 테고 고도의 정신적 비약도 꾸준히 하실 테고, 그 묘한 equilibre를 언제나 가지실 테니깐…

사모님 암만 생각해도 논문까지 pass 시키면서 공부한 것은 신나는 일이셨지요? 여름에 큰 집에 혼자 계셨다는 게 좋았습니다.

안녕히 계십시오.

Tuinisie에서 이달호 올림

P.S: 가지에 드문드문 달린 Datte 보시고 "망할 것! 띠어 먹다 보냈군" 하고 말 하실 것 같습니다. 좋은 Datte가 나무에 남고 가지에 달린 채 마른 것은 나무에서 말렸다는 표랍니다.

"맨날, 그 잘난 것만 보내니?" 하시지 마시고 이 촌구석에서 말린 대추나 보내는 심정도 참작해 주시기 바랍니다.

정자 얘기는 너무 가슴 아픕니다. 그런 일은 일어나지 말아야 하는데… 자식이라면, 정도 이상 치를 떤다하고. 옆에서 보았는데 그 마음이 오죽하겠습니까. 보내 주신 사진은 감사히 받았습니다.

이영자 선생님께
_1989년 12월 31일

파아란 하늘에 빛나는 태양이 따뜻해 보이는 이 해의 마지막 날입니다.

항상 무엇인가를 해야 할 것 같은 마음으로 쫓아다녀 보았지만, 무엇인지 아쉽고 허전한 기분이 드는 연말입니다.

새로운 작품을 쓰시며 예술의 세계에 깊이깊이 빠져드시는 선생님의 모습은 분명 너무 아름답습니다.

새해에는 더욱더 많은 작품을 쓰시고, 또 저희가 들을 수 있기를 바랍니다.

우리 모두가 약속한 시간의 흐름 속에서 몇 시간 후면 또 다른 한 해가 시작됩니다,

행복하고 아름다운 작곡가로 우리의 역사 속에 남겨지시길 기원하겠습니다.

조인선 올림

V
방랑의 끝인가

_1990~1991

이영자회장님,

회장님의 생신을 진심으로 축하
드립니다. 계속해서 건강하시고 그 좋은
능력을 발휘하여서 좋은 작품을
후배에게 많이 남겨주시기 바랍니다.
앞으로도 건승하시며 가족과 함께
기쁘게 살아가시기 바랍니다.
　　　　　　　　　　이은상 드림

"영자씨!! 건강하고 오래
오래 사시고 좋은 명곡 많이 작곡해
팔방미인 아닌 이영자 회장님 주세요.
만수무강 하시기를 기도합니다. 수은,,
                              변홍숙

이 이사님 건강하시고
항상 만나뵐 때 마다
좋은 에너지 받고 갑니다. 최혜옥

한일 친의 선사 일동

우리는 稻香하는 85大 동갑내기
건강하고 리듬이 넘치는 삶과   宋長春

Wishing you fond memories
of moments gone by
and new moments
of happiness
with those who mean
the most to you.
Wishing you
peace and contentment
on your birthday,
and always.

HAPPY BIRTHDAY

훌륭한 작곡가 친구를 만나
기쁩니다.
종로 작곡 많이 쓰시고
오래오래 건강하세요   신나영

이영자 선생님께
_1990년 1월 2일 밤

    오늘 이 선생님 편지 너무도 반갑게 받았습니다. 고맙습니다. 그런데 저는 마누라와 함께 내일 일본에 15일간 여행을 떠나기 때문에 지금 몹시 시간이 없지만 짧게 답장을 쓰는 것입니다. 일본의 Japan Foundation이라는 곳에서 부부 초청을 받았습니다.

    우선 Diplôme de D.E.A. 받으신 것 진심으로 축하합니다. 앞으로 3년 뒤에 500page 넘는 논문 내고 진짜 박사 하시려는 것을 저는 이 선생님을 위하여 진정으로 반대합니다. 그만큼 공부하고 학위 땄으니 앞으로 되도록 자기 작품을 쓰고, 자기 글을 쓰고, 읽고 싶은 책 읽고 제자 가르치시고 하는 편이 나은 듯합니다.

    우리 큰 딸은 지난 12월 2일 결혼했습니다. 남편은 서울대학교 상과대학 경제과 나오고 행정고시 합격한 후 지금 재무부에 사무관으로 있습니다. 나이는 동갑이고.

    오는 7월 25일과 26일에 핀란드에서 가야금 독주회를 합니다. 역시 마누라와 장구 반주자를 데리고 3인이 갑니다. 그 전이나 그 후에 혹시 Paris에서 연주회를 할 기회가 있으면 좋겠군요. 가능성이 있는지 힘들지 않으시면 알아보아 주세요.

    할 말이 많으나 시간이 없어 이만 씁니다. 한 대사님께 안부 전해 주십시오. 새해에 행운이 가득하시길 빌며.

귀국하시면 꼭 연락하세요. 꼭!

황병기 드림

이영자 선생님께
_1990. 1. 15.

　꾸밈없는 겨울의 자연 속에서 1990년이 시작된 지도 보름이 지났습니다. 시간의 흐름은 나이에 따라 다르게 느껴지는 것 같습니다.
　선생님께 편지와 카드 등을 써 놓고도 부치지 못해서 항상 죄송한 마음으로 지내다가 오늘 또 몇 자 적습니다.
　선생님께서는 지금도 열심히 공부하시고 계시리라 생각하면서, 책상 앞에 앉아 계신 선생님의 모습을 상상해 보는데 불란서의 경치와 선생님의 모습이 너무 멋있어요.
　많은 것을 느끼고, 생각하고 계시겠지요? 올 한 해가 뜻깊은 시간들로 이어지시길 바랍니다.
　선생님! 4월 19일 독일문화원에서 한국여성작곡가의 밤이 개최되어서 선생님 작품, 서경선 선생님, 박영희 언니의 작품을 연주 및 작곡가 스스로가 자신의 작품에 관한 이야기를 하려고 합니다.

　한사람 당 30분 정도로 두 시간 안에 작품 두 곡 정도 연주하고 그 곡에 대해서 해설할 것입니다.
　선생님께서 그때 한국에 오실 수 있다면 너무 좋고, 그것이 여의치 못하시면 선생님께서 작품과 해설을 보내 주셨으면 감사하겠습니다.

박영희 언니는 그때 한국에 오기로 했어요.

선생님! 음악이 있기에 힘들고 또 즐거운 하루하루가 지나갑니다.

항상 건강하시고 행복하시길 주님께 빌겠습니다.

조인선 올림

이 영자 선생님!

희색의 구름에 아침의 태양이 비치니까 그 빛이
더욱 강하게 느껴집니다.
어제 선생님의 아름다운 글을 받고, 너무 기쁘고,
감사해서 그 마음을 전하고자 몇자 적습니다.
선생님의 겨울나그네 모습이 상상만 해도
무척이나 아름다운 것 같습니다.
항상 새로운 것을 보시고 느끼시기에
그렇게 젊으시겠지요?
음악에 대한 끊임없는 정진과 열정을
그대로 느끼면서, 이 별에서의 삶은 이러듯
늘 자신을 안주하지 못하게 하는 것이 아닌가 생각했습니다.
항상 작품을 쓰고 있으면서도,
쓰기 시작할때는 늘 처음 쓰는 것 같고,
쓰다가 답답해서 주저 앉고 싶기도 하고........
그렇지만, 폭풍우가 몰아쳐도, 눈보라에 삭풍이 불어도,
앞으로 나아갈 수 밖에 없기에 걸어가기도 합니다.
그러다가 태양을 바라보게 되고.....
선생님!
바쁘다는 핑계로 정신없이 살아가다가
마음의 정원에 피어있는 꽃의 아름다움도 느끼지 못하고
지내다가, 그 꽃이 시들어질 때가 되어서야 그것을
느끼고 안타까워하는 바보같은 짓은 하지 말아야겠다는
생각을 했습니다.
분명히 내일 보다는 오늘이 젊은데,
어제보다 오늘이 늙은 것만 보고,
아쉬워했던 시간을 보면서, 오늘에 기뻐하고
그 젊음에 감사하고 싶습니다.
그리고, 마음의 정원에 늘 아름다운 꽃이 피어 있을 수 있도록
돌보고 나누어야 겠다고 생각합니다.
마음의 정원에 꽃 한 송이도 피우지 못한다면,
그것은 너무나 삭막하겠지요?
선생님의 마음에는 분명히 아름다운 꽃밭이 있으리라
믿으면서, 늘 건강하시고 따사로운 삶을 영위하시기
바랍니다.

아름다운 이 선생님께
감사의 마음을 전하면서

일천구백구십구년 이월 십이일에

조 인선드림

이영자 선생님께

_1990. 1.

안녕하세요. 정숙이예요.

선생님 카드 받은 지 상당히 오래되었는데, 이제야 서신 드리게 됐군요.

먼저 힘든 과정을 끝내신 선생님께 축하드립니다. 동시에 정말 감탄하지 않을 수 없음을 말씀드립니다. 대단하신 것 예전부터 알았었고, 그래서 존경하는 마음이 제게 가득한데, 그 바쁘신 중에 선생님의 일에 그렇게 정열을 쏟으실 수 있다니 참으로 굉장하네요. 하지만 선생님의 그런 모습 때문에 저는 용기를 얻고 노력할 수 있답니다.

뭔가 제 마음을 전해드리고 싶은데 어떤 표현으로 어찌해야 할지를 모르겠습니다.

얼마 전 백병동 선생님께 빌린 책을 돌려드리기 위해 가는 길에 혜리도 인사드리러 가겠다 하여 함께 다녀왔어요. 댁에도 그렇지만 학교 연구실에도 책장이 겹쳐 세워진 채로 책이 가득한 방에서 헝가리에서 2월 중에 한국인 작품만의 음악회에 위촉받으신 작품을 쓰시는 중이시더군요. 백 선생님을 뵐 때마다 저는 부끄러운 생각이 많이 들어요. 넘 오랫동안 허송세월하는 느낌 때문에요.

선생님께서 밖에 계신 동안 꼭 나가보고 싶은데 이번 겨울도 그냥 지나가게 생겼네요. 2월 중에는 선생님을 한국 뵙게 되겠지요.
　　대사님과 준영, 은미, 난이에게도 안부 부탁드립니다. 건강하시고 안녕히 계세요.

　　P.S: 선생님께서 잘 입지 않으시는 것인지도 모르지만, 예전에 저희한테 말씀하시면서 선물 받으신 것은 남에게 절대 주시지 않는다 하신 말씀이 생각나서 제 생각대로 골라봤어요.

진정숙 드림

이 영자선생님께.

선생님의 생신을 진심으로 축하합니다.
앞으로도 지금처럼 언제나 건강하시고 저와같은 제자들에게 많은 충고를 주시기를 바랍니다.
저는 6월 11일에 교육대학원 시험을 볼 예정인데 결과는 어떻게 될지 모르겠습니다. 결과가 나오면 연락드리도록 하겠습니다.
참! 선생님 5월에 '신사임당'상 받으셨지요. 신문에서 읽었어요. 늦었지만 생신축하와 함께 축하드립니다.
더운 6월의 열기 속에서도 선생님의 열정이 팍팍 발휘되시길 바랍니다.
그럼, 안녕히 계세요.
1994. 6.

허 금옥 올림.

이 선생님
_April. 3. '90

시간이 어찌나 빨리 지나가는지 벌써 4월이군요. 다시 바빠지셨죠? 어제 News에 귀환한 학생이 그곳을 거친 듯하니 얼마나 바쁘셨겠어요. 이성재 교수님은 선생님이 예견하신 대로 회장이 되셨어요. 많은 나라가 이사를 교체시켜서 세대교체가 되어 가는 느낌입니다. 일본에서는 Mayu Zumi, 대북에서는 馬水龍, Hong Kong에서는 Richard장, 필리핀에서는 Santos가 이사가 되었고 호주, 한국 New Zealand는 그대로 이고 타이에서 1명 추가된 이사회에서 무기명 투표 하였답니다. 앞으로 한국 위원회도 얼마간의 진통을 겪으면 안정되겠지요.

선생님 동봉한 서류가 좀 늦어서 죄송합니다. 하지만 좀 늦게 보내셔도 큰 지장은 없을 듯하여 동봉합니다.

저희 10주년 사업 중 하나인 C.D 제작은 실무진들과 만나서 선경 SKC에서 제작해 주기로 했습니다. 선생님께서 어느 작품을 하실지 알려 주시고, Tape이 잘 되어 있으면 Tape를 보내 주십시오. 아니면 악보를 보내 주십시오. 또 연락 드리겠습니다.

건강하세요.

경선 올림

친애하는 이영자 선생님께
_1990. 5.

    뜻밖에 Paris에서 만나 뵙고 반가웁고 기쁜 중에 상상외의 후대를 받고 와서 두고두고 깊이 기억하여 감사하게 생각하고 있습니다.
    한국 음식을 일주일 만에 맛본, 정성 어린 찬합에 든 점심은 참으로 잊지 못할 음식이며 이 선생님의 세심하신 마음 씀에 놀랐습니다.
    이틀간에 Paris를 그처럼 많이 보고 느끼게 하여 주신 배려가 없었던 들 호텔 앞을 왔다 갔다 하다 왔을 것 같습니다. 이사하시느라 집 정리며 자녀들 방 구하시느라 바쁘신 중 귀한 시간 내주신 것 다시금 진심으로 감사드리며 작품을 주신 것, 안 선생님께서 귀하게 받아 와서 듣고 기회 있을 때 연주도 하시겠다고 하십니다. 지난 금요일 박동진 대사님 내외분과 손영현 공사님과 송정이 씨 오셨을 때 Paris서의 이야기도 하였습니다. 저희는 이번 여행이 퍽 즐겁고 뜻있는 순간들의 연속이었고 많이 보고 느끼고 배웠으니 남은 인생에 보탬이 되도록 하겠습니다. 따님 결혼식 준비에 서울 가셔서 분주하신 중에도 늘 건강에 유의하시고 적은 선물을 보내오니 따님께 맞는 물건이기를 바랍니다.
    대사님과 가족 여러분께 각별히 문안드리며 또 뵙게 되길 바라며 안녕히 계십시오.

Mrs. 안용구 드림

주 불란서 대사 부인 이영자 여사님
_1990년 5월

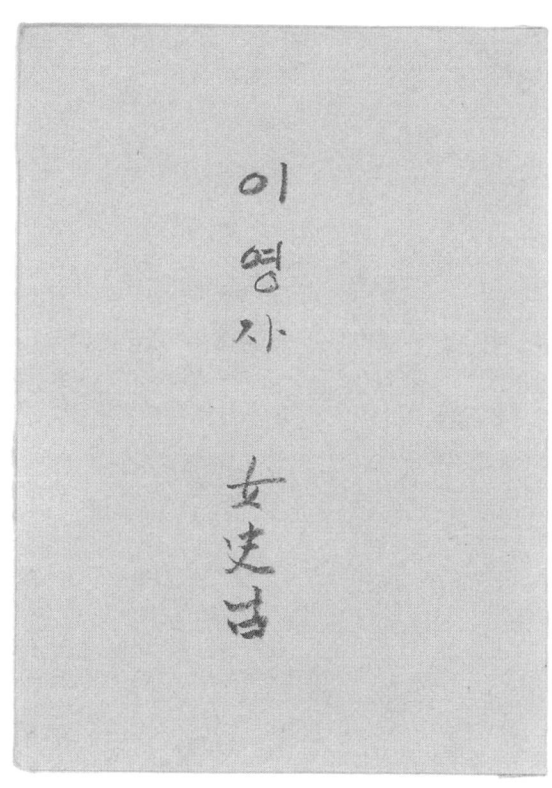

주 英國大使 金夫人
李영자 女史님

안녕 하십니까
파리에서 베풀어 주신
모든 親切을 어찌
감사 드려야 할지
다만 每日 每日 바쁜
중에 그저 그립고
더욱 새롭게 생각
납니다
文化院에서 行事中
근사한 모습
훈에서의 놀라운 저녁
食事 특히 서울에
서도 어려운 각자지

음식 들, 물론
大使님과 夫人의
두분 말씀 나누시는데
멋진 夫婦相을 보는
듯 하여 더욱 좋은
밤 이였읍니다
그리고 귀한 사위님
따님 들과의 점심
모네 가든 저의 노
中 몇번째로
귀한 時間을
마련 하여 주시였읍니다

다시 감사 드립니다
머지 않아 오신다 하여
기다리 겠읍니다
은이씨가 가신다 하
여 사진 먼저 된것
보냅니다
천강 하시고
좋은 소식 바랍니다

1990年 초月

任華公

선생님!
_1990년 6월

생신을 진심으로 축하드립니다.

옛날에 학교 다닐 때 선생님 생신 때면 저희들이 작은 꽃다발 들고 찾아갔었지요. 그러면 선생님은 손수 만드신 음식을 준비해서 저희들을 기다려주셨지요. 그리고는 세상 사는 이야기, 공부하셨을 때의 어려웠던 이야기, 열정적이셨던 젊은 시절의 낭만 가득한 이야기를 끝도 없이 해 주셨지요. 그때가 정말 엊그제의 일 같은데 벌써 15년이라는 세월이 꿈처럼 지나갔습니다.

그래서 저도 세 아이의 엄마로서 두 녀석 뒷바라지에 세월이 바로 가는지, 옆으로 가는지 모르게 지났습니다. 그러면서도 마음은 늘 제자 된 도리를 제대로 못 하는 것 같아 죄송한 마음만 가득합니다.

시집온 뒤에 열정적으로 음악 공부에 힘과 열을 쏟지는 못했지만 그래도 그 정열을 생활과 자녀를 기르고 남편에게 성실한 아내가 되려고 노력하는데, 썼다고 생각합니다. 이따금 공부 계속하고 있는 친구를 만나면 내가 너무 뒤져있는 게 아닌가도 생각해 보지만, 저는 그런대로 생활에 기쁨과 만족을 느끼고 감사하며 삽니다.

선생님 이런 얘기 아세요? 어떤 분 말씀이 세상 살아가는데 3가지를 잘 만나야 한대요. 하나는 스승이고, 둘째는 부모님이고, 셋째는 남편이라구요. 저는 이 세 가지가 다 저에게는 너무 과분한 것 같아서 항상 감사하는 마음 가득해요.

선생님 더욱 건강하시고 더 많은 일 하셔서 더 좋은 스승님으로 우리에게 오래오래 머물게 해주세요.

멀리 계신 선생님께 생일 카드 보냅니다.

서울에서 손영애 올림

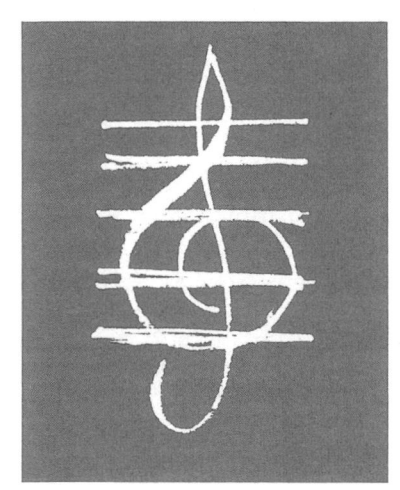

이 세상에서 가장 Unique하고 Speciale한 엄마
_le 4. June. 90

Paris

Peut-être⋯ 마지막으로 맞으시는 생신 진심으로 축하드려요. 엄마께서 3년 동안 행복 넘치게 지내셨다니 정말 기뻐요.

서울에서 '무자식 상팔자' 생활을 만끽하시고(비록 정신적으로는 안 될지라도) 저희들 걱정일랑 앗싸리 마세요.

제가 드리는 선물 보시고 "이걸 돈 주고 샀니"를 안 하시길 빌고 서울에 가셔서 보실 때마다 Paris 생각하세요.

I Love You!

Neuilly에서 막내딸 준영 올림

이영자 선생님께
_7월 13일 1990년

　지금쯤 어느 정도 안착이 되셨으리라 믿습니다. 난이 결혼식도 곧 있겠지요?
　저는 지금 부모님 계신 Atlanta에서 쉬고 있습니다.
　Paris를 떠나는 날 옷장이 무너져서 밑에 깔렸는데 그냥 떠났습니다.
　보스턴 공항에서 기절하여 앰블런스에서 실려 병원에 가고 Atlanta 공항에서 또 한번 기절해서 다시 병원에 실려 갔었습니다. 지금은 외과 의사에게 다니며 물리 치료를 받고 있습니다. 의사들 말이 스트레스가 너무 쌓여서 약해지고 쉬어야 한다고 합니다. 이런 식으로 공부하면 곧 죽을 거래요. 5년만 살고 싶으면 지금 같이 바쁘게 살라고 합니다.
　다음 주에 있는 festival도 가지 못하고-여지껏 있던 concert 중에서 가장 큰 것임에도 불구하고- 그저 잠자며 치료를 받습니다. 7월 말까지 이곳에 있다가 샌프란시스코로 돌아갈 예정입니다.
　파리의 생활을 생각해 보니 선생님의 돌보심이 참 감사합니다. 선생님의 바쁘신 생활에 건강이 염려가 됩니다. 아직은 그래도 젊은 저인데 몸이 이렇게 쇠약해 졌으니 선생님 걱정이 될 수밖에요. 서울에 계신 동안 좀 쉬실 수 있으면 좋겠습니다. 앞으로 좀 더 좋은 소식을 전해 드릴 수 있으리라 믿습니다. 건강하십시오.

Atlanta에서 김희경 드림

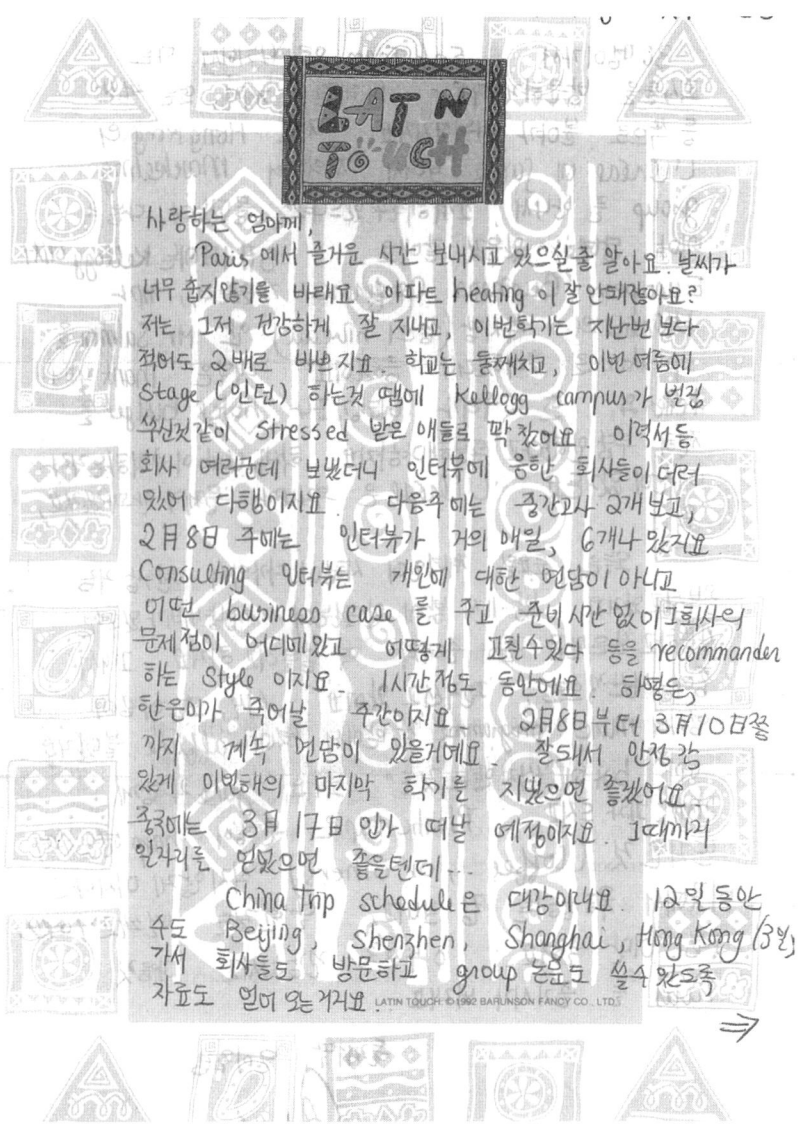

V. 방랑의 끝인가

매우 매우 보고 싶은 아빠 엄마
_1990년 7월에

아빠! 엄마! 파리 생활도 아빠 엄마가 안 계시니까 재미없고 마음만 착잡해요. 기회가 나는 대로 어서 또 오세요.

20일 금요일에는 권명자 선생님이 애들 11명 데리고 오셨는데 그중 Harp ensemble 할 때 알던 애가 몇 명 있더군요. 날 보더니 애들이 내가 잘한다고 소문났다나요? 저도 같이 다니며 구경했어요.

오늘 일요일은 Louvre와 파리 관광이어서 전 안 나가고 연습하고 밤 9시에는 Lido 쇼 본다고 제 표까지 샀다고 해서 구경 가게 됐어요. 제가 할 일은 별로 없고 그저 따라 다니고. 내일은 Salvi와 av. Carnot에 있는 하프 책방에 같이 가기로 했어요.

선생님께서 저는 언제 오냐고 하시더군요. 전 아직 공부 더한다고만 했는데 이렇게 마음 편하고 악보, 악기 줄 좋은데서 살다가 어떻게 서울에서 살지 걱정도 조금 되네요. 서울에서는 줄 얇은 거 3개만 사도 10만 원이 넘는다나요. 물론 악보는 구입도 못 하고… 애들에게 무슨 곡 치냐고 물어보니까 저도 안 친 힘든 곡 치는 애가 있는데 서울에서는 1년에 대곡 두 곡밖에 못 한다나요. 제 생각엔 레퍼토리도 많이 만들고 Etude로 테크닉을 늘려야 할 것 같은데요. 여하간 Nice Stage에 대해서는 기숙사에서 밥 먹는 것 연습과 레슨에 대해서 모두 자세히 얘기해 줬어요.

  엄마 아빠! 오늘은 이만 줄일게요.

  모기한테 뜯기지 마시고 몸 건강히 잘 지내시고 모두께 안부 전해 주세요.

Paris에서 막내딸 올림

Paris는 엄마 가시고 조용해요. 저는 42번 Bus는 한동안 못 타겠더라구요. 엄마랑 같이 다니던 생각 나서 Solidarité로 아직 안 타기로 했고 물론 Ladurée는 맛도 못 봤구요.

  내일은 Bona Kim 동반 사진 전시회에 가야 하는데 가느냐 마느냐, 갈등… 만사 귀찮아서 R세 나가지도 않고 이번 달은 Carte orange 안 끊어도 될듯 해요. 어느 날은 거의 하루 종일 밖 안 나가 안에서 제가 혼잣말을 한다니까요. 엄마 계신 동안 제가 너무 gâtée가 됐었나 봐요…

  제가 또 그럼 연락 드릴게요. 종종 전화 주시고, 뭐 듣지 절 R만 거 말씀만 하시면 제가 손방 보내 드릴게.

  늘 건강히 지내세요.

효영 올림.

무지 무지 사랑하는 아빠 엄마께

_à Paris, le 29. Juillet 90

그동안 안녕히 계셨는지요. Loulou와 밍키도 잘 있겠지요. 고놈들이 저보다 더 행복하게 아빠 엄마 곁에 있는 것 같아 샘이 나요.

오늘은 일요일, 점심때는 한영란 아줌마께서 초대해서 은미언니랑 셋이서 삼오정에서 먹었는데 참 잘 먹었어요. 오징어무침, 닭고기 날개 튀김, 회덮밥 한 그릇씩… 361프랑 나왔어요. 그리고 샹젤리제의 fouquet에서 25프랑짜리 Café마시고 아주 대만족하고 왔지요.

언니랑 나는 얼마 전에 Carte de Sejour 하러 경시청에 갔다가 프랑스 외무부에서 써 준 편지가 없다고 허탕 치고 왔어요. 최 아저씨께서 그 편지가 바로 그곳으로 갈 거라고 하셨는데… 그래서 아저씨께 보고하려 했더니 휴가 가셨나 봐요. 그런데 지금 막 전화 왔는데 휴가 다녀오셨대요. 1일분 겉절이 담그셨다고 가져오신대요(며칠 전 소꼬리탕도 갖고 오셨음)

권명자 선생님은 3일간 Paris에 계시다 가셨어요. 관광버스 빌리고 Guide도 있으니까 무척 편해서 저는 그저 따라 다니면서 얻어먹고 구경했지요. 하루는 Chartre까지 가서 성당 보고 점심 먹고 Versailles 궁전에 갔다가 돌아와서 다시 Lafayette 백화점에 가서 선생님은 애기 옷 사셨어요. 그다음 날은 저는 안 따라 다녔지만, Paris 구경하셨고 저녁에 Lido에서 Join 했지요. 다들 뻗어서 졸고 저만 또릿또릿 좋다고 구경하고 주는 Champagne나 홀짝홀짝 다 마셨어요. 그다음 날 오전에는 Av. Carnot에 있는 하프 집에 가서 악보 사는데 동대문 시장 바닥 같았어요. 모두 12명이 "준영아(or 언니) XX 달라 그래요" 하며 보채는데 제가 점원이랑 악보, 테이프 챙겨다 줬어요. 그래서 몇 천 프랑어치 장사시켜줬지요. Salvi에 갈 시간은 없었는데 1시 45분에 Nice행 비행기였거든요. 그래서 Orly 비행장까지 쫓아갔다 왔어요. 애들은 Stage 끝나면 유럽 여행을 버스 타고 한다 그러고요, 선생님은 8일에 다시 Paris에 오신대요.

참! 선생님께서 저에게 500$ 주시고 가셨어요. 그런데 심부름도 많이 시키고 가셨어요!

아빠 엄마는 서울에서 어떻게 지내시는지요. 요새도 그리 더운지요. 어제는 여기에 비가 많이 와서 엄마 생각 많이 했어요. 8월에 제 Stage가 끝나고 10월에 시험이 없다면 서울에 갔을 텐데 말이에요. 온 가족이 명동 칼국수 집도 가고 재미있을 텐데.

Mme 한이 오늘 점심 사 주실 때 새로 오신 대사님 부부께 인사 가라고 하시더군요. 우리가 엄마랑 살던 집에 손님으로 찾아가려니까 좀 그렇네요.

그럼, 엄마 안녕.

엄마가 좋아하는 파리에서 막내딸 준영이가

Très Chère 영자 씨
_le 30 Juillet 1990

    7월도 마지막 날을 보내면서 오늘에야 pen을 움직입니다. 무척이나 더운 날씨로 기억되는 한국의 여름인데 파리를 떠나시기 전후의 피곤, 도착하신 후 새살림 출발시키는 등 얼마나 수고가 많으셨겠고 피곤하셨을까는 짐작하고도 남음이 있습니다. 그리도 어지럽도록 바쁘신 사이에도 무슨 정성으로 그렇게 귀한 선물을 손수 Pack 싸 보내시고, 첫 새벽에 일어나서 써 주신 편지에는 참으로 감격의 눈물을 금하지 못하였답니다. 떠나시는 날을 연기하신 후 떠나시는 날짜가 확실치 못하였기에 관저로 전화를 올렸더니 벌써 떠나셨다는 소식에 참으로 낙심이 되고 제 자신이 얼마나 Une amie indigne로 부끄럽게 생각되었는지요. 영자 씨를 알고 난 후로부터 영자 씨의 일거일동에서 얼마나 배우는 점이 많고 끊임없이 정을 느끼게 되고 새로운 힘을 얻게 되었는데 참으로 providence라 하지 않을 수 없습니다.

    또 보내 주신 아름다운 soie로 가을에는 새 옷 해 입고 낙엽과 함께 따뜻한 우정 마음껏 맛보겠습니다. 우리 딸도 너무나도 élegant한 Bag 보내 주셨다고 놀라기까지 하였답니다. Veronique가 따님들 사는 새 아파트의 주소와 전화번호를 찾아줘서 얼마 전에 연락이 되었습니다. June하고 얘기할 수 있었는데 명랑하고 영리한 음성을 들을 수 있어 참으로 흐뭇하였으며 역시 훌륭한 어머님의 딸이라 저렇게 씩씩하고 믿음직스럽구나 하고 감탄하였습니다. 8월 중순에 계획대로 Stage 갔다 오고 또 열심히 CNSM de Paris의 Concours 준비를 한다고…

그간 우리 남편 Jean claude 건강 상태에 문제가 계속되어 좀 당황하며 지냈지만, 나머지 Vacances 동안 잘 쉬면 앞으로 문제없을 것이랍니다. 다시 한번 감사의 뜻 올리면서 한국 음악계에서 Mrs Han의 음악 지식 경험 등을 잘 profit해 나갈 것을 멀리서나마 축하하는 마음입니다.

한 대사님께도 안부 전해주십시오.

김옥순

Dearest 아빠 엄마께
_8월 2일 Paris' 90

무더위에 잘 견디고 계신지요…. 저희는 건강히 끼니 잘 챙겨 먹고 있지요. 지난 일주일은 휴가를 내서 집에서 준과 조용하게 지냈지요. 피서지에서 죽는 사람도 많은데 우리는 집에서 잘 쉬며 둘이서 영화도 보고, 어제는 Trocadéro에 반바지 입고 썬텐 크림 가지고 가서 두 시간 동안 태양을 쪼이고 왔어요.

준은 열심히 하프치고 저는 끼니때 감자 삶아 으깨던지. 스파게티 샐러드 등등 준비하고 꽤 간단히 먹어요. 준은 매일 같이 연습하는데, 따분할 거예요. 더우니까 하기도 싫을 텐데 말이죠.

그럼 이만 줄이고 다음에 쓸께요

부엌 식탁에서
Grace 올림

Philadelphia, Feb 14, 86

사랑하는 아빠 & 엄마께,

It is such a ~~great~~ wonderful feeling to have great parents such as you, and to know that you are always there in times of need (even if far away …)
Have a Super Happy Valentine's Day ♡
Love,
우리들의 Grace

매우 그리운 엄마께
_1990. 8. 26.

저는 오늘 12시 50분에 집에 무사히 돌아왔어요. Stage는 어제 오전에 끝나고 오후에 친구랑 Gargilesse까지(50Km) 가서 저녁에 좋은 음악회 두 번 보고 오늘 아침 9시 23분 기차를 탔어요.

작년에 Gargilesse Stage 때 엄마가 도시락 싸 들고 주말마다 오신 생각 무지 났어요. 풀밭에 앉아서 도시락 먹고 시골 풀 냄새 맡으며 거닐고 George Sand가 살던 작은 집을 방문하고 그 집 작은 마당 Café에서 차 마시고… 그리고 엄마는 다시 운전하고 Paris로 가셨지요. 정말 너무나 아름다운 시골이에요. 집집마다 Harp 소리가 나오곤 했죠. 이번 Stage도 참 재미있게 지냈어요. 이번에는 Le Blanc에서 했는데 이 마을도 아주 작지만 Gargilesse에 비하면 대도시에요. 여러 악기가 다 있으니까 다양하고 너무 좋고 Stress도 안 쌓이더군요.

마지막 날은 제가 학생 음악회에 연주했어요. 작년 Gargilesse 때는 하프뿐이었는데 이번에는 실내악하고 저만 하프 독주했어요. Parish Alvars의 La Sérénade라는 걸쳤는데 아주 잘했어요. 끝난 다음에 선생님들이 'Bravo' 해 줬어요. 물론 실수 몇 개 했지만 금방 rattraper 했지요.

Stage 동안 수영장도 두 번 갔어요. Stage 하는 학생들은 무료였는데 더 자주 갈래도 못 가겠더군요. 마지막 사흘은 배탈이 나서 쇼

했지요. 제가 연주하기 바로 전까지도 화장실에 들락날락…

　Stage에서 너무 재미있던 점은 동양 애가 3명인데 저랑 하프 하는 '나오꼬'라는 일본 애랑 Saxophone 하는 일본 여자애였는데 저만 불어 잘하고 그 애들은 말을 못 해서 입 다물고 있거든요.

　특히 식사시간에 한 상에 8명씩 앉는데 불란서 애들이 내가 너무 말을 잘하니까 너의 국적은? 하면서 "Tu es Française dev mais quelle Origine?" 하더군요. 그래서 저는 물론 나는 '한국인'이야 하면 그럼 아빠나 엄마 두 분 중 누가 불란서 사람이내요. 그러면서 이쁘다고 하대요(히히).

　엄마 이만 줄일게요. 사실은 오늘 기차에 타자마자 Paris에 도착하는 3시간 동안 내내 잤고 배탈로 배가 아파서 집에까지 택시 타고 와서 수제비 먹고 또 잤어요. 제가 또 편지 쓸게요. 서울 가 있는 은미언니께도 안부 전해주세요. Loulou, 밍키에도.

　P.S: 참 어젯밤에 이홍구 이모부께서 Paris 도착하셔서 전화하셨어요. 9월 7일에 독일에서 오셔서 그때 만나자고 하셨어요.

Paris에서 준영 올림

나의 변주곡(Variation)은
_1990. 9.

나의 변주곡(Variation)은 1990년 4월에 작곡되었고, 같은 해 6월 23일 캘리포니아주 옥클랜드에서 Thomas Schultz에 의해 초연되었다. 종래의 변주곡이 어느 한 주제에서 발생하던 것과 달리 이 작품은 하나의 음정(a melodic interval)과 짧은 Rhythmic Figure에 바탕을 두고 있다. 이 두 가지(Interval과 Rhythmic&Figure)를 여섯 부분의 변주곡에 걸쳐 두루 사용하였다. 이 여섯 개의 변주곡이 한 조를 이루고 그다음에 느린 두 번째 부분이 따르는데 이 부분에는 처음 여섯 변주곡의 주제 역할을 하는 음정(Thematic interval)의 전위음정(inversion)이 사용되었다.

변주곡에 쓰인 한국 전통음악의 영향은: 첫째 자주 쓰이는 5음 음계(다른 음계들과 섞여 사용되나)이고, 둘째 한국민요(박연폭포)의 사용이다. 그리고 셋째 한국 민속악 장단(세마치장단과 작곡가에 의해 변화된 굿거리장단)의 사용이다.

이러한 요소들 역시 따로 쓰이지 않고 변주곡의 원래 기본음과 리듬을 갖고 있다.

선생님!
여성작곡가 발표회에서 이 음악을 초연해 주신다니 정말 감사합니다.

여기서 맨날 Cheese 먹고 있지만…

깍두기 냄새 물씬 나는 내 변주곡이길 바라는 마음뿐입니다.

샌프란시스코에서 효신 드림

무지 그리운 엄마
_A Paris, le 17. oct. 1990.

난이 언니 결혼식 동안 바쁘신 와중에 몸 건강히 계시는지요. 제가 언니 결혼식에 서울에 못 가는 것이 무척 안타깝군요. 은미언니도 내일 아침 서울 가는 트렁크 들고 회사에 출근했다가 곧바로 비행장으로 갈 거예요. 몇 달 동안 언니랑 셋이 살다가 둘이 살다가 이제 내일부터 갑자기 나 혼자가 되는 셈이지요. 조용하겠죠? 특히 제 걱정은 마세요.

냉동에 있는 불고기랑, 지난 주말에 동진이 어머님이 가져오신 안심스테이크도 있고 또 냉장고에는 맛있는 밑반찬이 있고…

오늘 오후에는 새로 지어서 이사한 Paris Conservatoire에서 Jamet 선생님께 레슨 받았어요. 제 레슨 직전에 제가 무서워하는 Assistant 할아버지랑 얘기하고 있었는데, 이번 2차 시험 곡이 힘든 곡이고 2곡이 너무 무거운 programme이라 하더군요. 그래도 저의 레슨은 Très très bien 이었어요. 아직 3주일 남았어요.

또 초견 악보들도 한 보따리 빌려왔어요.

참, 엄마 그 고춧가루도 몽땅 버렸어요. 벌레가 우글우글해서 버릴 때도 징그러워 혼났어요.

난이언니, 형부 모두 행복하게 잘 지내겠지요. 3일 후면 결혼식인데 무지 멋지게, 이쁘게, 웅장하게 진행되길 멀리 Paris에서 빌겠어요.

그럼 이만 줄일게요.

P.S: Victor Hugo의 Marina Rinaldi 옷 집에서 détaxte 1415F 찾아서 잘 쓰고 있어요. 또 Loulou 발톱 깎아주기, 벌레 약, 회충 약 주기 잊지 마세요.

막내딸 준영

사랑하는 아빠 엄마께

_à Paris le 1er Nov. 90

어제 전화 몹시 반갑게 받고 새삼스레 적적해지더군요.

저는 오늘 Mr. Francis Pierre(Assistant) 집에 레슨 다녀왔어요. 현대곡 한 번 더 치러 지하철 타고 종점까지 갔지요. 그래도 레슨비를 전혀 안 받더군요. 그냥 한두 번 쳐봤거든요. Très bien Bravo, Je vous félicite 하느라 바쁘게… 이제 슬슬 떨리기 시작하네요. 떨리는 것은 오직 결과예요. 어찌 됐건 다음 주 화요일엔 끝을 보니 두렵고, 어떻게 마음을 먹어야 될지. 지금은 밤 10시예요. 저녁때는 시험 7일 전 작전이라 고기 꺼내 먹었지요. 냉장고에는 밑반찬도 있고 김치가 가득이예요. 난이언니가 해주고 간 배추김치도 익었어요. 이번에는 새우젓을 넣고 했더니 더욱더 진짜 같더군요.

이번 토요일에는 마지막 Mme Jamet lesson이고 저녁때에는 선영이가 와서 한번 들어주기로 했어요. 매일 하는 일이 똑같다 보니 세월 가는 줄 모르겠어요.

아빠, 엄마! 무지 보고 싶어요. 어쨌든 제 걱정을 너무 하시지 마시고 그저 좋은 소식 알려드릴 수 있길 제가 빌게요.

Paris에서 막내딸 준영 올림

Très Chère Mme 한
_1990. 11. 7.

꼭 11년 전에 겪은 경험이 하도 서러워서(Bruno가 Paris Conservatoire에 합격된 것이 1979년 11월) 최근 저 역시 안절부절하다가 어제저녁에는 June의 귀엽고 맑은 음성으로 "reçue Première a l' unanimité…"라는 소식에 눈물겹도록 반가웠고 "오늘 밤에는 발을 쭉 뻗고 잘 수 있겠구나"라고 June에게 말할 수 있었던 것도 통쾌스러웠습니다. 그러나 이러한 저녁에 자리를 같이하고 champagne라도 열고 'Arroser'를 같이 해주지 못하였음 너무나도 섭섭하더군요. 너무나도 착하고 귀엽고 훌륭한 따님 두셨어요. 정자와 Bruno와 이곳 대학 연주 끝난 후 파리로 같이 올라갔을 때 다 같이 잠시 들러서 June 연습하는 것을 들을 수 있었을 때 음악가가 아닌 저는 물론이고 professional Musicians들인 정자와 Bruno 말에도 참으로 June이 열심히 정확하게 준비가 되어 있다고 칭찬이 대단하였기에 금년에는 틀림없이 합격될 것을 의심치 않고 있었으나 Paris Conservatoire Concours 제도가 하도 합리적이 아니고 괴상스러울 때가 있음을 제 자신 잘 목격한 경우가 많았기에 소식을 들을 때까지는 불안하였던 마음 어머님 되시는 Madame Han께서는 하물며 더 컸을 것 짐작하고도 남음이 있더군요.

따님 결혼식을 앞두고 Grace와 June을 멀리 파리에 남겨 두시고

June의 Concours을 앞두고 서울 음악계에서도 여러 가지 몹시도 복잡하신 하루하루의 생활 중에서 저를 위하여 새벽같이 써 보내 주신 편지와 같이 보내 주신 음악춘추를 받은 놀라움과 감격은 아직도 새롭습니다. 그 무거운 책을 그 바쁘신 사이에 그 비싼 항공우편으로 보내 주신 정성과 우정은 저 자신뿐만 아니라 동생 정자도 너무나 감격했습니다.

큰 따님 결혼식 잘 행사된 것도 June에게 들어 안심되고 Grace가 돌아오면 사진도 같이 구경하게 될 것을 기다리게 됩니다. 서울로 이사 가신 지 몇 개월 되지 않고 큰일 치시고 그리도 복잡하다는 서울 생활에도 문제없이 보조를 맞춰 살고 계신 모습 그려 보며 감탄하지 않을 수 없습니다. 결혼한 따님도 Bruxelles로 떠나보내시면 또 성탄과 신년 맞이하시기 바쁘시겠지만 새로 맞이하는 1991년에는 작곡계 음악계에서 활동 수고가 있게 될 것 저 자신 일인 듯 바라게 됩니다.

오늘 토요일에는 딸 Veronique가 June과 같이 aprés-midi를 지내게 될 것이랍니다. N.Y.로 떠나기 전 가능하면 파리에서 June과 식사라도 같이하게 되기를 바라고 있습니다.

MR.Han께도 안부 전해주시기 바랍니다. 금년 가을은 유난히도 아름다웠습니다. 특히 저희가 살고 있는 Bourgogne의 가을이

Bourgogne 김옥순
Avec toutes mes amities

몇 번이나 서신을
_1990. 12. 7.

몇 번이나 서신을 올린다고 끄덕이다 결국은 이렇게 카드로 대신합니다.

그간 대사님과 식구들 모두 안녕하셨는지요? 문득 대사관 문을 열다 대사님께서 들어오시는 것 같은 착각이, 이제는 거의 없어져 가지만, 아직도 곳곳에 대사님의 특유한 여운이 배어 있는 듯합니다.

우선 선생님께 무한한 감사를 드리고 싶습니다. 무엇보다 대사님 사모님의 제자라는 선생님 음덕이 이곳 생활에 정신적인 부요를 가져다주었고 대사관에서의 아르바이트는 가정의 안정과 많은 지식들을 얻을 수 있는 기회를 제공하였고 선생님 손에 이끌려서 다니기 시작한 교회에서의 신앙생활의 눈뜸은 제 삶의 조표를 깨닫게 해주었으며 저 자신의 여러 가지 보기 흉한 모습들을 적극적으로 개선할 수 있는 계기를 마련해 주었습니다. 그리고 급기야 컴퓨터와의 만남은 음악성은 있으되 그것의 표현 능력이 모자라는 제 자신의 절대적인 취약점을 거의 완벽하게 커버할 수 있는 충실한 비서를 갖게 해주었습니다.

이제는 최소한 악상에 억눌리어 대가들의 작품을 이리 뒤적 저리 뒤적이는 자기 모순의 모습은 보이지 않아도 될 것 같습니다. 이렇게 받은 은혜는 하늘과 같은데 야속하게도 선생님께서는 갚을 수 있는 기회를 애써 외면하시려고만 하십니다. 다가오는 새해에는 조그만 것이나마, 선생님께 드릴 수 있는 기회를 갖게 해 달라고 주님께 기도 드리겠어요.

91년의 계획은 어떠하신지요.

부디 뜻하시는 모든 일이 선하게 결실 맺기를 바라며 대사님과 선생님 가정에 주님의 은총이 가득하시길 빕니다.

Paris에서 최철 올림

선생님 보세요
_1. 7. 1991.

보내 주신 카드 받았습니다.

선생님께서 새로 쓰신 노래 듣고 싶습니다. 저는 그동안 쓴 실내악곡 연습에 들어갔습니다. 1월 19일에 초연하는데-음악이라는 것, 예술이라는 것, 도대체 큰 의미가 있는 것일까 라고 회의를 느끼는 적이 많습니다.

지난번 편지에 알려드렸나요? 교환교수건-이쪽 미국 측에서는 보내기로 결정이 되어서 한국 커미티로 서류가 넘어갔답니다. 선생님께서 어떻게 생각하시는지 코멘트가 없으니까 저도 조용히 하구 엎드려 있으려고 했지만-3월쯤이면 확실한 결과를 알게 되는 모양인데 한국 실정을 저흰 잘 모르니까- 선생님께서 진작 가망성이 없다고 생각하시는지 어쩐지 모르겠습니다. 만약 가기로 결정이 되면 이력서 보내요(Mine)? 어차피 도와주시려고 작정하시면 제가 떠들지 않아도 도와주실 게고 그렇지 않은 쪽으로 결정하시면 제가 삿가닥질 해 봤자 헛일일게 뻔하니까-반은 한국 가서 실업자 노릇(기꺼이!)을 할 생각을 하고 있습니다. 한국 음악 공부도 하고 싶고 팔자 늘어진 여자들처럼 커피집에 앉아 수다 떨고 미장원에 드나들며 지지고 볶는 생활 1년 정도야 뭐 그리 나쁘겠나- 하는 배짱으로.

오랜만에 요 며칠간 겨울비가 나립니다. 가뭄 끝에 오는 비라 맨머리로 나가 비 맞고 서 있고 싶을 정도로 반갑습니다. 서울은 꽤

춥겠지요. 이곳도 뭐 몇십 년 만에 처음으로 얼음 구경할 날씨라 이곳저곳 수도 파이프도 터지고 오렌지도 얼어 죽고… 야단입니다. 외려 비가 오면서 좀 날씨가 풀렸습니다. 지난 크리스마스 때는 벼르던 여행을 다녀왔습니다. 오늘 아침 은행에 다녀오는데 이대로 운전해서 멀리 가고 싶은 유혹을 받았습니다. 결국은 집에 와서 빗소리 들으며 커피나 축내고 있지만.

9월에 학기가 시작해서 가게 되면 6월 초에 가고 싶습니다. 만약에 '꽝'으로 결정되면 실망이 대단할 것 같습니다.

뭐 꿀단지 묻어놓고 온 것도 아닌데…

새해에도 항상 건강하시구요, 좋은 음악 많이 쓰시구요. 제 피아노곡 출판이 되고 한국에 가게 되면 다른 작품들도 서서히 들이밀어 볼까 합니다.

효신 드림

선생님 보세요

_1. 26. 1991.

아이구 좋아라, 제가 쓴 음악이 출반되어 나온다니 믿어 지지가 않아요. 바쁘실 게 뻔한데-시간 내주시고 또 가서 이것저것 결정해 주시구…해서 고맙습니다. 누군가 이렇게 꽉! 믿구 기댈 데가 있다는 것이 이런 거구나- 하고 느낍니다.

난이에게 방금 편지 썼습니다.-짧게, 하도 여러 해 만이라 수다 떨기도 쑥스럽고, 예전에 함께 헤매던 추운 뉴욕 거리를 회상했습니다. 좀 무섭게 생긴 사람이 있으면 제가 촌스럽게 '엄마야!' 하고 피한다고 욕을(물론 한난이한테 들입다 먹어가며…) 1월 19일 음악회 잘했습니다. 7개월간 매일 앉아서 쓰고 연습 쫓아다닌 대가로 800불 받았습니다(연주자 비용을 빼고 나서 다섯 명). 기가 막힐 노릇이지만 한국처럼 대가는커녕 연주자 사례도 작곡가들이 하는 거와 비교하면 불평할 수도 없는 입장이지요.

한동안 춥던 날씨가 다시 풀려서 요즈음 지내기가 편합니다. 전쟁 때문에 시끌시끌하지만, 도대체 총 들고 남의 나라에 들이닥친다는 것을 이해할 수 없습니다. 정치하는 사람들은 도대체 머리가 좀 다른 구조로 만들어지지 않았나 싶습니다.

여성작곡가회 생일잔치(?) 하며 음악회 준비… 또 강의하게 되시면 더더욱 바쁘시겠습니다.

출판 비용은 따로 부칩니다. 제가 교정을 봐야 하겠으나… 또 다른 일이 있으면 연락 주세요.

효신 드림

P.S: 요즘 글 쓰는 젊은 여자 중 강석경이라는 이가 있는데 아세요? 그 여자 글 아주 잘 써요. 김채원, 김지원(자매임)도 이해인 수녀도 좋아합니다.

선생님 보세요
_3. 2. 1991.

한두 장도 아니고 그 숱한 콩나물 다 교정 일일이 보실 것 생각하니 좀 기가 막히기도 하고…드릴 말씀이 없습니다. 2월 25일에 송금했는데 혹시 받지 않으셨으면 연락 주세요. 영수증을 보관했으니까 확인하겠습니다. 비용이 더 들거나 하면 연락 주시구요. 고맙습니다!

며칠 전에 이성재 선생님께서 lecture를 하신다고 김희경 씨가 몇 번이나 전화해서 갔었습니다. 선생님 음악 몇 곡 틀고 그랬습니다. 끝난 후에 아마 서울대 졸업생들이 모여 저녁 대접할 모양인데 대충 핑계 대고 전 빠졌습니다. 잘 알지도 못하고, 모르는 사람들과 아무렇게나 어울려 먹고 떠드는 게 적성에 맞지도 않으니까.

오 년의 가뭄 끝에 비가 오고 있습니다. 연 나흘째! 좀 더 비가 와 주었으면 할 정도로 비 구경을 못 했습니다.

음악회 준비는요! 그날이 선생님 생신이잖아요? 3월부터는 학교로 가세요? 한국 신문을 보니 음악대학들이 아주 시끄럽던데…

선생님 음악회 때 될 수 있으면 꼭 가고 싶어요. 아직 확실히 어떻게 되는지 모르겠지만 일주일 정도라도 시간 낼 수 있겠지…

건강하시고요. 좋은 음악 많이 쓰세요.

효신 드림

이영자 선생님께
_1991년 3월

　안개가 너무 진하게 끼어서, 마치 바다의 가장자리를 달리는 기분으로 고속도로를 달려서 학교에 갔습니다. 어느덧 겨울은 지나가고 그 자리에 봄이 왔지만, 마음은 봄을 느끼기보다는 가을을 느끼게 되니…

　학교에 가서 너무너무 떨다가 집에 돌아와서 우체통에 꽂혀있는 선생님의 선물이 추위를 녹여주었습니다. 사진 속의 날짜는 우리 모두를 5년 전의 과거로…

　열심히 살려고 애는 쓰지만, 뜻대로 되는 것 같지 않고 그렇다고 잘 노는 것도 아니면서 방황을 합니다. 개학과 함께 찾아오는 캠퍼스는 항상 빼앗긴 들에도 봄은 오는가? 입니다.

　안정되고 조용한 자연의 순환을 느낄 수 있는 그러한 봄을 기대한다는 것마저도 큰 욕심처럼 느껴집니다.

　선생님! 이 봄 따뜻하고 아름답게 지내시기를 기원합니다.

　　　　　　　　　　　　　　　봄이 오는 길목에서 조인선 올림

주님 부활하셨도다. Alleluia!
_1991. 4. 7. 일

31년 만에 명동을 떠나 이곳 송탄시 송서 성당에 왔습니다. 이곳은 시골도 도시도 아닌 중간이지만 인심은 좋은 곳이란 생각이 듭니다.

시장엘 나가면 외국에 온 것처럼 온통 외국인이랍니다. 미군 부대가 있어서 콩나물 장사 아줌마도 영어를 할 줄 아는 재미있는 곳이기도 하구요. 100여 명이 늘 함께 살았었는데, 이곳은 저를 포함해서 세 식구이구요. 성당에 연결된 수녀원이 저희 집이랍니다. 아직은 적응하느라 정신이 없지만 좀 익숙해지면 여유 있고 다사로운 삶이 되리라 생각됩니다.

명동 수녀원에서의 기도 분위기와 전례성가 분위기와는 전혀 다른, 신자 공동체의 약간은 어수선한 분위기에 적응하는 데는 시간이 걸리겠지만 순수하게 열심히 하느님을 찾으며 살려 노력하는 이분들의 모습은 아름답고, 제게 새로운 감동을 주기도 합니다.

하느님의 사랑에 초점을 맞추어서 이 세상을 바라보면 세상은 아름답고 은총의 선물이란 생각이 듭니다. 하느님께서 만드신 본연의 아름다움이 손상되어 가는 것을 마음 아파하며 본래의 모습을 찾으려 안간힘을 쓰는 것이 우리들의 노력이어야 하겠지요.

  어머니와도 같으신 선생님을 제게 주신 하느님께 찬미와 감사를 드리며, 가정에 평화와 행복을 기도 드립니다.

제자 연 테레사 수녀 드림

사랑하는 선생님
때가 되야 겨우 만나뵙는
제자 이지만, 선생님께 대한
마음은 세월이 갈수록
더 너욱 깊이만 갑니다
내내 건강하시고
우리의 등불처럼
우뚝 서계시길 빕니다
      제자 朴載鎬

Très chère amie 영자
_le 10 Avril 1991, dijon

봄이 마당에 하나 가득입니다. 벼르다 벼르다 Parisienne인 준이 일주일 전에, 너무나도 짧았던 Week-end였지만 이 시골 공기를 맛보고 좋아하던 귀여운 모습 아직도 눈에 선합니다.

다행히도 금년에는 겨울 다운 겨울을 지내고 봄도 봄 다운 아름다움에 Gulf 전쟁에서 받은 긴장조차 어느 정도 풀게 되는 듯 감사스럽습니다.

Bruno가 어쩌면 부활절 방학에 집에 다니러 올 수 있다고 소식이 있기에 젊은 아이들 집에 많이 모아 즐기려고 했었는데, 오지 못했습니다. bruno는 4월 20일경에 Quartet을 연주할 것이 있었고, 또 최근에 콘서트마스터를 맡게 되어 여름 두 달 동안 Festival의 책임을 맡아 그 준비가 너무 많아 뉴욕을 못 떠나게 되었답니다.

그래도 Paris에서 준이 오고 Veronique가 와 주어 참으로 다행이었습니다.

준은 Dijon에 내려오기 전에 Mme Jamet Harpe Class의 Audition을 잘하고 왔답니다. 언제 보아도 변함없이 명랑하고 영리한 모습. 우리 남편도 너무나도 귀엽게 생각하고 또 떠나는 날에는 "Tu reviendras très vite"라고 하더군요. Veronique하고는 나이 차가 많으면서도 서로 얘기가 통하고 친밀하게 노는 것 엿보는 것으로 흐

못하였습니다.

　너무나도 인사가 늦어 얼굴이 뜨겁지만, 아름다운 한국 달력과 함께 쏟아져 나오는 라면, 국수, 식료품들에는 영자 씨의 정이 흘러나오는 듯 너무나도 감격이 되었습니다. 일본, 중국식의 라면은 맛보았지만, 한국의 맛이란 처음이어서 얼마나 흥분했는지요. 그러나 무엇보다도 그 바쁘신 생활 속에서도 'Indigne'한 친구를 위해 신경과 정성을, 시간 아끼지 않고 써 주신 그 마음씨에 너무나도 감동되지 않을 수 없습니다. Paris Conservatoire에서의 준의 공부 이야기를 들으니 옛날 우리 Bruno가 다닐 때가 생각났습니다. 지난 몇 달 저의 건강이 좋지 못하였던 것과 또 우리 남편이 대학 일과 또 새로 생기는 (가을, 9월부터) I.U.F.M의 Direteur로 임명이 되어 불란서 교육사에서 처음 생기는 'Reform'이라 그 준비에 눈 코 뜰 새 없이 밤이나 낮이나 몰두하는 것을 지켜보려면 움직일 용기가 안 생긴답니다. June은 동해 큰 언니 내외 소식, 은미의 active한 professional life, 풍부한 경험들로 몹시 대견스러우실 것도 짐작되고 또 Paris 생활의 Nostalgia도, 따님들 와서 보고 싶으실 심정도 너무나도 절실하게 느낄 수 있습니다.

　서울에서 6월 7일에 있을 이영자 씨 작품 발표회는 반드시 갈 수 있도록 노력하고 싶은 마음입니다.

　June은 엄마를 위해 연주하러 서울을 간다니 정말 행복하시겠습니다. 학교에도 허가받았고 Mme. Jamet도 용기를 주었다니 참으로 저의 일인 듯 기뻐하지 않을 수 없습니다. 얼마나 뜻 많고 흥분스러운 '회갑기념'이 될까 상상해 보고도 남음이 있고 멀리서나마 벌써부터, 참가하는 기분입니다. 마침 동생 김정자가 5월 15일부터 20

일 사이에 Mozart Concerto를 3번이나 연주하게 되고(서울에서) 부산에서 Master Class를 좀 맡고, 6월 10일쯤 또다시 Boston에 돌아와 7월에 있을 Summer Piano Work Shop을 맡게 되는데…

 부디, 부디 정자가 서울에 가 있는 동안 영자 씨 만나게 될 것 희망하지 않을 수 없습니다. 하기야 정자 연주 때 저 역시 한국에 한번 나가 보고도 싶고 미국 동생들도 모두 별별 구실을 다 만들어 저의 60년을 같이 기념하자는 청구들이지만 가능 하려는지요.

 지저분한 글씨 용서해 주시고 너무나도 늦은 인사도 널리 용서해 주십시오. 계속 많은 작품 쓰시고(Violin을 위한 곡을 쓰시면 우리 Bruno가 너무나 기꺼이 연주할 것인데)

 행복하세요.

 대사님께도 안부 전해주시고.

Dijon에서 김옥순

존경하는 이영자 선생님
_1991. 4. 25.

안녕하세요? 항상 선생님의 애제자이고 싶은 미혜에요.

무슨 소식부터 어떻게 드려야 할지… 선생님께 편지를 올리려니 우선 가슴이 벅찹니다.

학교 졸업 후 결혼하여 애기 낳고(지금 국민학교 4학년이에요) 인턴, 레지던트 전문의 과정을 밟는 남편을 충실히 보필(?)하다 보니 정신없이 지났어요. 저의 남편은 정형외과 전문의 과정을 마치고 안양 부모님 병원에서 6년 동안 근무하다 지금은 시흥시에 개업을 했어요. 개업 준비하기에는 무척 바빴답니다.

저희는 개업할 생각은 없이 부모 그늘 밑에서 편히 월급 타면서 골프 치고 주말에는 여행 다니며 편히 지냈어요.

그런데 87년 유럽에 다녀온 후 저희는 여러 가지를 깨달았어요. 원래 계획은 독일, 이태리를 거쳐 1987년 Christmas 이브를 선생님 계시는 파리에서 선생님을 찾아뵐 계획이었습니다.

10여 년 전 제가 학교 다닐 때 선생님은 옛날에 공부하셨을 때의 Paris 얘기를 많이 하셨습니다. 그런데 지금은 나라를 대표하는 대사 부인으로서 얼마나 멋있고 얼마나 화려할까, 꿈속처럼 그려 보았습니다. 그런데 막상 저희들이 Paris에 나타났을 때는 저희들 모습이 너무 초라한 것 같아 선생님께 연락조차 못 드렸습니다.

10년 만에 나타난 선생님의 제자로서 자존심이 상할 것 같아서요. 4개월 동안 유럽에서 고생도 많이 했지만, 구경도 실컷 하고 많이 느끼고 감동하면서, 우리도 이제 우리 힘으로 일어서서 열심히 일해서 다음 여행 때는 선생님을 못 찾아뵙는 그런 서글픔 따위는 갖지 않으리라 마음먹고 한국에 오자마자 병원부지를 마련했지요. 그래서 지금은 5층 병원을 지었는데 아무리 생각해도 그때의 유럽 여행이 저희들 인생에 큰 전환점이 된 것 같아요. 아무튼, 지금은 신천리 촌 아줌마가 되었어요. 환자들에게 1시간 동안 물리 치료 해주고 주사, 약 주고 2,300원을 받지요. 저는 수납에 앉아 있어요. 개업 초에는(개업한 지 1년 됐어요) 시장에 가서 2,000원도 못 쓰겠더라구요. 2,300원을 내고 가는 환자들이 제 눈에는 모두 금덩어리로 보였어요. 다리 아파 걷지 못하는 나이 드신 환자는 저의 조그만 차로 직접 집에까지 모셔다드리고 있어요. 비가 몹시 내리던 어느 날은 바퀴가 논두렁에 빠지는 바람에 꺼내느라고 고생했어요. 강남구에 살면서 골프만 치러 다니다가 이런 시골에 와서 왜 고생을 하나 하고 처음에는 갈등도 많이 했지요. 하지만 저의 남편을 믿고 병원을 찾아주는 환자들이 점점 늘어 가니 그 보람감에 살고 있어요. 저희 환자들이 얼마나 고마운지 몰라요. 사실 몸이 아파 병원에 오는 것은 좋은 일이 아니지만 좋은 경과로 병원 문을 나서는 환자들을 보면 마음이 흐뭇해요.

　병원도 제법 기반을 잡아가니 어느 날 문득 선생님이 사무치게 그리워져요. 사람은 일생에 한두 번 '귀인'을 만난다고 들 하지요. 물론 저는 부모님 덕에 별 어려움 없이 지냈지만 제가 만일 선생님을 만나지 못했다면 어떤 사람이 되었을까요? 부족하고 엉터리인 저를 대학 4년 내내 보살펴 주시고, 제가 이만큼 살고 있는 것도 모두 선생님 덕분이지요.

국민학교 학생이던 난이가 벌써 시집 가고 은미는 몰라보게 예쁜 숙녀가 되었더군요. 통통하고 귀엽게 발발거리며 다니던 준영이가 얼마나 컸는지 정말 보고 싶어요.

선생님!

선생님은 한 마디로 '멋진 여인'이세요. 대사님과 선생님의 모든 사회적 위치로 보아 다른 분들처럼 어깨와 목에 힘 꽤나 주면서 다니실 텐데 선생님은 항상 소탈하셨어요. 사실 선생님의 그 소탈하신 성품이 선생님을 더욱 돋보이게 했고, 그 모든 것이 선생님의 삶에 대한 성의와 여유가 아니었나 생각됩니다. 요즘은 변함없이 멋쟁이이시겠지요?

선생님 한번 시간 내서서 저희 집에 들러 주실 수 없으신가요? 서울과는 떨어져 있지만, 하루가 다르게 발전하고 있어요. 그리고 근처에 바다가 있어 횟집이 많아요

참! 선생님 생선회 드시면 예전에 배가 많이 아프셨는데 요즈음은 어떠신가요?

시청 앞 뒷골목에 선생님과 갔던 'Mexico'라는 양식집 기억하시지요? 선생님과 국제극장에 '제인에어'보러 갔었는데 선생님께서 마지막 장면에 주인공과 죠지 스콧가 재회하는 장면에서 코를 푸시면서 우셨잖아요? 제가 눈물 한 방울 흘리지 않으니까, "얘, 너는 감정도 없니? 저런 아름다운 장면에?" 하시던 생각이 나요. 그때는 철이 없어 전혀 느끼지 못했던 감정(솔직히 대학교수님과 극장

을 왔다는 사실에 저는 붕 떠 있었어요)을 이제 이해해 주세요.

이제 저도 나이가 드니 감정이 철철 넘칠 것 같아요.

선생님! 우리 같이 극장 가요. 슬픈 영화도 보고, 제가 맥주도 한 잔 대접해 드릴게요.

요즈음 '사랑과 영혼'이라는 영화가 좋다던데 선생님께서는 분명히 보셨을 거예요.

살다 보면 어렵고 힘든 일이 있어도 열심히 살아가겠어요. 제가 누굽니까? 이영자 선생님의 제자 아니에요?

학교 다닐 때는 공부도 안 하고 선생님 속만 썩혀드렸지요. 이제 생각해 보면 왜 그때 선생님이 쓰시던 노란색 미제 3B 연필을 사다 드리지 못했고, 선생님 방에 예쁜 꽃을 꽂아드리지 못했나 후회스러워요. 사실 마음으로는 선생님과 가깝기를 갈망했지만, 왠지 부끄럽구 그랬어요.

이제는 열심히 살아서 선생님의 자랑스러운 제자가 되겠어요.

선생님께서도 언제나 건강하시고 편히 지내시기를 빕니다.

선생님! 감사합니다. 정말 감사합니다.

제자 김미혜 올림

선생님께
_1991. 5. 1.

그동안 안녕하셨습니까?

늘상 가까이서 자주 뵈면서 살고 싶은데, 몸과 마음이 모두 제 뜻 같지 않아 안타깝고 죄송스럽습니다. 한 가지 일도 변변히 못 할 제 능력으로 올해 큰아이 학교 보내고, 이 두 달은 어떻게 하루하루를 보냈는지 정신이 없었습니다. 그나마 서원 대학 강의로 청주행 버스에 오르는 시간 만큼은 쳇바퀴 같은 일상에서 벗어나 겨우 제 자신을 돌이켜 볼 여유가 생깁니다.

항상 공부하여야 한다는 말씀, 가정일도 빈틈없이 하여야 한다는 말씀, 그 어느 것도 자신 있게 잘 해내지 못하는 저를 생각하면 항상 선생님께서 아껴 주셨던 만큼의 보답을 못 하는구나 싶어 부끄러워집니다. 그리고 그런 날은 강의에 임할 때도 새삼스럽게 발끝부터 긴장이 되고 조금은 더욱 진지하게 학생들을 대하게 되곤 합니다.

선생님!

요즈음에 와서 더욱 절실히 느끼는 것은, 주부로서 자기 일을 가지고 그 일을 평생 가정사와 밸런스를 맞추어 간다는 것이 얼마나 어려운 일인지 모른다는 것입니다. 그래서 많은 활동하는 여성들이 독신을 고수하게 되는가 봅니다. 두 가지 다 잘하지 못할 바이면 하나를 포기하여야 할 텐데…… 오늘까지도 저는 그 어느 것도 잘 해내지도, 포기하지도 못하고 어영부영 지내옵니다.

선생님께서 가까이 보시면 얼마나 실망하실지요. 처음 선생님을 뵈었을 때가 생각납니다. 시골에서 올라와 잔뜩 움츠러져 있는 상태에서 무엇을 어떻게 시작해야 할지 당황하고 있을 때 저는 선생님이 얼마나 어렵고 대하기가 두려웠던지요. 더구나 안경 줄을 목에 늘어뜨리고 악보를 보시면서 카랑카랑한 목소리로 예리한 지적을 학생들에게 하시던 모습은 제겐 너무나 기억에 생생합니다.

그렇지만 또 다른 즐거운 추억도 있었지요. 선생님 댁 지하실 방에서 밤새 작품을 쓰게 해주시고 손수 저녁 식사 준비에 잠자리까지 챙겨 주시는 바람에 그만 맘 놓고 신나게 먹고는 잠까지 실컷 자 버린 착각… 그다음 날 아침의 불호령이란…

똑같은 24시간 하루를 살면서 선생님께서는 다른 사람의 며칠만큼이나 철저한 계획과 시간 약속으로 사시던 모습이나, 항상 대사님의 내조만으로도 바쁘셨을 시간을 쪼개서 파리에서의 D.E.A 학위까지 따신 소식을 들었을 때 그야말로 일생을 forte 또 forte로 살아가시는구나 하고 다시 한번 놀랐습니다.

선생님 곧 라일락의 짙은 향기가 깔릴 때면 선생님의 생신이 다 가옵니다.

하실 일이, 또 하고 싶으신 일들이 많으시겠지만 조금은 쉬시고 건강도 챙기시기 바랍니다.

오래오래 건강하셔서 선생님을 거쳐 간 많은 제자들의 활동도 예전처럼 예리한 눈빛으로 사랑 가득 지켜봐 주세요. 그리고 저희들이 젊은 날의 선생님처럼 가정과 음악을 지켜가면서 정신적으로 더 커가도록 돌보아 주세요. 신나게 먹고 실컷 자버린 학창 시절의 어느 날 같은, 생활에 나른히 빠져 있을 때 선생님의 카랑카랑한 목소리를 듣고 싶습니다.

인생은 육십부터라는 말처럼 이제부터 또 다른 의미의 파이팅을 선생님께 외치면서 아둔하고 부끄러운 글을 이만 줄입니다.

선생님 건강하세요.

대전에서 제자 홍사은 올림

영에게

_1991. 5. 6.

가을볕에 익어 가던 휴전선 아래 양구 땅에서 오랜만에 서울에 돌아왔다는 영의 소식을 듣고 혹시나 '평화 댐' 길에라도 들리려나 기다리면서 한겨울을 다 보내고 춘삼월에 이곳 홍천으로 옮겨왔는데 영의 바쁜 날들 짐작은 하지만 그 외딴곳의 기다림을 당신은 알았을까?

마음에 편하도록 하루 일을 챙기면서 그날그날 살아온 것이 어느새 60 고개의 문턱에 다다랐구려!
그동안의 삶을 이쯤에서 결산해 볼 때가 되었음 직도하나, 뒤돌아볼 겨를도 없이 교단에 선 채 마냥 달려야 하나 보오.

연락을 받고서 깊이 싸 넣어 왔던 젊은 날의 보따리를 내려 지난날 우리가 불행했던 고난의 모습을 다시 펼쳐 놓고 그 처절했던 아픔을 되씹으면서 하염없는 상념에 잠겼었다오.
일주일이면 돌아가리라던 황급한 그때의 피난 길목에서 지친 세월 아예 잊고 지내던 그 기간이 일 년 반, 수많은 고비 고비를 용케도 목숨 부지하면서 산촌에 묻혔던 그 시절…… 이젠 오히려 그리움으로 되돌아오는구려.

영! 꼭 40여 년이 흐르는 냇물처럼, 뭉게구름 흘러 퍼지듯 가고 없구려.

그때 패랭이같이 가냘픈 영이 들꽃의 강인한 정성으로 터지도록 불러 준 그 목소리 듣고 피난지 산막의 누더기를 던지고 원주로 나와 내 오늘이 있는 것 아니겠오.

산천초목까지 들끓던 전쟁 속에서 구름을 잡듯이 띄워 보내 준 그 편지가 그때 사그라져가던 내 생명에 충격과 용기를 주었고, 그리고 두 달 후 가진 것 없는 피난살이, 아무 테면 어떠냐고 폐허 속에서 아우성치는 삶의 대열에 뛰어들었던 일 엊그제 아니겠오?

그때 살아남은 네 식구의 세대주가 되어 새로운 세기를 개척하는 의지로 오늘을 이루었으며 한평생 그리스도께 쓰임 받는 감사함으로 이 땅의 교육의 한 모서리를 받들고 서 있게 되었다오.

이제 중년을 눈 깜짝할 사이에 지나 노년이 되는구려.

6·25 나던 다음 해 여름, 1951년 8월 29일 부산의 가야여관에서 부쳐 준 영의 편지… 어떻게 나를 찾아 영월의 그 산 두메까지 찾아왔을까 아직도 믿기지 않는 기적이지만 그 보물 같은 편지, 오래오래 간직하다, 내 지금 그대 곁에 젊은 날의 필적으로 보내는 거요.

「란 곁에

기적이 있을 것을 믿어 이 굴을 바람에 부치어 본다. 이 글이 보다 더 그리운 네 곁을 찾는다면 너를 찾는 내 얼이 아직도 맥 뜀을 믿는다.

란!

아무런 말조차 하기 싫어졌오. 싫다기보다 할 용기를 잃어버렸오.

다만, 너를 만나면(지금도 그렇지만)

언제나 언제나 무거운 침묵 만을 지키고 있고 싶소. 끝없이…

말없이 나는 이 바람에 부치는 글의 회답이 오기를 고대할 뿐이오.

지난날의 나의 빛

지금의 나의 빛

영원한 나의 빛이기에

남한엔 모든 동무들이 그대 사는 곳을 찾고 있오.

나는 그대를 찾다 못해 하늘의 구름을 잡듯 영월 촌구석에 이 글을 던지오. 바람에 날리어 그대 찾으라고- 지난해 가진 고난 끝에 내 곁에 찾아 든 그대의 싸인 '燕瞳'에서 그대 본적지를 발견하여 혹시나 하고서…….

왜 좀 더 일찍이 그것을 생각 못 했나 나 자신을 원망키도 했으나, 그러나 어제 선이에게서 그대가 영월에 있으리라 하는 희미한 소식을 들었기에…….

선은 대구에 있는 명숙에게서 그렇게 희미한 소식이 왔다고…

그대는 어느 곳에 있기에 이 같이도 모르오.

부산 대구 남한 일대의 超人海 속에서도 나타나지 않으니…….

란! 그대는 왜 나를 이다지도 괴롭히오. 하날도 내 마음을 안다며는 그리 무심치도 아니하리다.

란!

더 쓸 아무런 기력도 없소.

다만 이 글이 네 넋을 찾아들기만 비오. 전정 너를 찾는다면

내 생명 중에 다시없는 기쁨이리다.

옛날의 그 노래 잊지는 않았으리니
란! 내 곁에 꼭 찾아와 주오.

빛 그리는 이 영

우리 세월 흐르는 것 보지도 말고 느끼지도 말고 비껴서, 비껴서 갑시다.

그리고 남은 삶에 성실 다 하여 당신의 삶을 찬양으로 하나님께 드리는 일 많이 해내기 바라오. 그래서 우리는 어릴 적부터 뇌우던 영원한 벗이 아니겠나!

싱그러운 봄이 다 가기 전에 바쁜 손길 잠시 쉬일 겸 다녀가지 않으려우?

영이 아껴 주던 두 아들 청년 박사로 각기 일터에서 보람 있게 일하고 있음을 감사해요.

내- 영이 좋아하던 감자떡 올챙이 묵 해 놓으리다.

홍천여고에서
란이라고 불러 주던 벗 장애종

이영자 선생님께

_1991. 5. 15.

올해 스승의 날은 선생님이 서울에 계셔서 너무 좋아요.

늘 스승의 날이면 많은 선생님들을 생각해 봅니다. 제가 잊지 못하는 분들도 여러분 계시지만 선생님은 제겐 그 어느 분보다도 특별한 분이랍니다.

그리고

언제나 선생님의 말씀 하나하나 제 마음속에 담아두었습니다. 언젠가 목요음악회에서 깍두기 반찬에 음악과 인생을 비유해서 말씀하셨지요. 깍두기와 같이 보잘것없는 것에 비유를 했다고 생각할지도 모르지만 중요한 것은 깍두기보다 그 뒤에 숨어있는 선생님의 의도와 마음이라 생각했어요.

이제 대학을 졸업한 지 만 7년이 넘었지만, 그 말씀은 제 마음속에 늘 남아있어요.

"너는 어떻게 살겠느냐?" 그 질문에 답할 수 있도록 더욱 성실하고 착하게 살아야 한다는 생각이 듭니다.

선생님! 진심으로 감사드립니다

(선생님께 이 꽃바구니보다 몇 배나 큰 꽃바구니를 드리고 싶었어요).

스승의 날에 이정림 올림

VI
세계를 돌아 제자리로

1992~

Paris 25-7-93

Chère Madame,

Probablement vous êtes au courant de nos projets de voyage : ma femme et moi passerons quelques jours au Japon, et ensuite à Kyong-joo. Nous prendrons le train à Seoul, le 17 Octobre, en fin de matinée. Dans le programme du festival j'ai vu que "Les adieux" a été programmé Mercredi 20 Octobre. Comme vous le savez j'aimerais beaucoup travailler avec le pianiste, dès mon arrivée, et j'espère qu'on peut arranger cela. Il ne restera pas beaucoup de temps avant le concert. Serait-ce possible que le pianiste puisse écouter le compactdisc que vous devez avoir (si je ne me trompe pas) ? Sans l'imiter, bien sûr, ce CD. pourrait servir comme modèle pour son interprétation.

J'espère que je ne vous demande pas trop, et je vous en remercie d'avance !
Votre départ pour Paris est prévu pour le 25 Octobre. J'espère qu'il nous restera un peu de temps libre afin d'admirer les merveilles de votre pays.
En tous les cas nous serons heureux de vous revoir, et nous espérons que les préparatifs du Festival se passent à votre satisfaction.
Avec nos meilleurs vœux, ainsi que pour votre mari,

오月 三十日.

Trân thiên 엄마 씨,

이번에 들어 올때 종은 太月 s/b 작품 발표회도 성공적으로 끝 내시고 뜻밖의 떠나심을 맞아가게 "한 바탕 잔치"도 훌륭했던 마음으로 지내셨기를 믿고 싶습니다. June이 한국으로 떠나기 前에 꼭 코롤에 한번 올라 왔으면 싶었는데 한번 들러 가고 준비했었다. Compact disques 등도 부탁했으나 마음에 간절 했었다 차. 열을 날 에 June이 전화로 벌써 대녁 손여가 되었음을 알려 Grace 와 함께 오늘 서울로 떠나게 됬것을 알려주고 별속 어쩔줄 없는 선물과 날이 축하 어느날 우편으로 보내주 었어에 많 눈이이 성성합니다.
June이 보내온 店 음속 의 program 같 자랑과 흥분감을 글로 끝이 나눠 맛 볼수 있도록 내용 호출합니다. 엄마와 어떡 한번 밖에 밖에 보지 못했었고 June이 영어 호르 왔잖이 서울에 도착 하세 자목 가의 지로르 충분한 구매가 될것도 의심치 않았 습니다. June 이 다시 코로 돌아 올때는 녹음한것도 들을수 없고 사진으로라도 보을 함께 될것 믿고 기다리께 합니다.

P.S.

물이 풍부한 "collection de l'eau d'Agen"을 찾고 계셔서 좋아하시리라 보내드리니 double 되는것이면 용서해주십시오.

저역시 며칠동에 한잔을 넣어 놓게되고 아이들이 기념으로 Venice에 갔다온것을 알려주셔서 무척 즐거워했던 모양. 8ral에 뜻없는 호강스러운 여행을 했노라 비가오는 Venice 강가에서 베그리아 넘어진듯 몇주일 동안을 몸주사 행세를 하느라 욱은 관등예술 망서리고 있었答다. June 에게도 싶은데~ 60子가 되어면 "Carte Vermeil"가 생겨 기차표도 반값이 되니 편로에 자주 왕래 할수있겠다고 버음만 가득했던것을...

동생 문조도 지금 서울에 가있고 연주가 잘되었을 것 가도다는 버음도 간절합니다. 저리베음 한토막 그못에 내었읍니다. dn에도 해주방 이명 자매 작품 발표회속에 있는 경자기~ 남쪽으로 가버렸을 듯 참가 못할것으로 짐작이 되어 참 으스러섬 같니다. 서울은 media, news 등의 정치연결로 왜 요난스러움 ~ 멀리서 보는것이 좀더 험박 한줄 알지반, 그러난 눌러속에서도 예술은 예술대로 sentimental 하는 원동이 있을줄 믿고 싶습니다.

무리 행복하시고 멀리서 같이 일으며 들리는 친구가~ 생각 방이 하고있는 듯이내~ 맘의 등새 배드립니다.

송 호선

Bona Kim-Lee
30, Rue de Wattignies
75012 PARIS

波爾多第三大学
東方語言文化系
漢語組・日語組・韓語組

UNIVERSITÉ DE BORDEAUX III
Département d'Études Extrême-Orientales
Section de Chinois - Coréen - Japonais

Paris, le 11 juin 1992

李 선생님께 :

現 Présidente de Zonta (1년 전에 후보 결정) 1993
투표에서 Maryse Penche로 결정 됐습니다. Jacqueline
Shénotsky는 아직 인기가 높아 있어서 그 적극적이고
활동적인 은행가 성품에 적성인 것 같아요.
6月, 어제 회의에서 정식으로 李 선생님의 올 겨울
작품 발표회를 Eglise Saint-Merry, 76, Rue de
la Verrerie, 75004 PARIS 에서 하기로 결정 했습니다.
Programme 이 결정 되는 대로 알려 주시고, 음악회 시작
하기 전에 李 선생님의 소개가 있겠고, 각 작품 때마다
간단한 해설을 해달라고 해서, programme 에 따라
간단한 음악상의 특징, 착상 동기에 이어, 제게 주신 녹음
테이프와 C.disque를 듣고 제 해설을 첨가 하자고 합니다.
이곳과 한국의 기자들에게도 Seoul - Paris Zonta의 이번
행사를 적극 알리자고 했고, 이번 음악회는 Les enfants
trisomiques (mongoliens) abandonnés 를 돕기 위한
행사이기도 합니다. 작년엔 성악가 Esther Lamendier가 고전
처럼 아라미아 어로 기도 곡을 작곡 하프로 직접 연주 했고,
Noël 곡을 Paris 합창단이 불러 큰 성황을 이루었읍니다.
역시 신체 장애아들을 돕기로 해서, 직접 수송 전달을 했었지요.
France - Europe 의 Zonta Club 과 각 나라의 음악협회
에도 연락 망이 닿도록 추진 중 입니다.
늘 생각 중에, 宅內의 평온을 빕니다.

김보나 올림

P.S. 함께주신 C.disque는 Jacqueline, Geneviève 등 membres 에게 알렸고
아주 감사하다고, 잘, 잘 들었다고 합니다.

DOMAINE UNIVERSITAIRE — 33405 TALENCE CEDEX (FRANCE)
☎ 56 84 50 50, poste 1142 (enseignants) — 56 84 50 71 (secrétariat)

이영자 선생님께

_15. 11. 1992. 모스코바에서

그동안 편안하셨습니까? 너무도 반갑고 감사한 편지 받고도 일찍 답장을 못 드려 죄송합니다. 그래도 뭔가 좋은 소식을 알려드려야지~ 하는 마음으로 기다리다가 보니 이렇게 늦어졌습니다.

쌍둥이 손녀들은 잘 크고 있는지요? 혹 Bruxelles로 벌써 떠났는지도 모르겠네요. 선생님은 참 복도 많으셔요. 가정도 그렇고 작품도 그렇고 쌍둥이 손녀까지…

이곳 생활은 한마디로 참 어렵습니다. 오래 살면 익숙해져서 쉬워져야 할 텐데 아직까지 어떤 패턴이 잡히지 않은 시험 단계에 있는 나라입니다. 경제도 그렇고 정치도, 음악도… 여기 작곡가 모임 회장 Mr. 데니소프나 카지닌도 만났는데 자기들도 갑자기 체제가 바뀌어서 어떻게 변해갈지 어떻게 대처해 가야 할지 대책이 없습니다. 정부 보조는 보잘것없고 학교 교적 수입은 월 20달러 수준이라 대부분 작곡가가 교적을 외면하고 Free 랜서로 일하고 있고 물가는 폭등하는데 국제 교류는 밀려 들어오고 루블로는 도저히 감당이 안 되는 듯합니다(현재 환율 300:1). 이제는 작곡가들이 맨투맨으로 각자가 알아서 뛰어서 해외 창구도 뚫고 위촉이나 초청을 받아서 생계를 꾸려나가는, 형편이 어려운 상황입니다.

하지만 마음들은 저희나 마찬가지로 열심을 가지고 긍정적으로 어려움을 극복하려는 자세가 역력합니다.

우선 연주회 건부터 말씀드립니다. '한국의 밤' 개최를 추진 중인데 날짜를 1~2월로 잡고(조금 빠듯하지만 그래야 방학을 이용해서 모스크바로 오실 수 있을 듯해서), 러시아 작곡가 2~3명, 우리 작곡가 4명 정도로 생각하고 있습니다. 처음엔 우리 작곡가만 할까도 생각했지만, 이곳 청중들의 호응과 파급 효과를 생각해서 joint로 하는 것이 나을 듯싶습니다. 장소는 House of Composer나 콘서바토리의 라흐마니노프 홀로 생각하고 있고 연주자는 10명 이내(연주료는 1급 경우 1인당 리허설 콘서트 포함해서 $100 정도⋯ 중복 연주도 가능) 대관료는 $100 정도 예상함.

데니소프 씨가 회장으로 있는 현대음악회와 작곡가 연맹 등과 연합. 그래서 생각 끝에 창악회에 말씀드렸습니다. 창악회에서 보조를 받아 3명의 작곡가가 이곳을 방문할 수 있지 않을까 해서요. 물론 개인 부담으로 올 수도 있고 제 개인이 추진할 수도 있는 일이지만 한 번으로 끝날 일은 아니고 'Moscow Autumn Festival'을 비롯해서 앞으로 계속해서 관계를 갖고 또 그것을 정착시켜 갈려면, 또 확장시켜 갈려면 제도적 도움이 필요하겠다고 생각되었어요. 여기 작곡가들 중 많은 사람들이 유럽 레코딩 회사나 퍼블리셔, 매니저들과 연관을 갖고 상당수 이미 뿌리를 내리고 활동하는 것을 보면서 참 안타까운 것이 우리 작곡가들 생각이 나서지요. 우리 돈으로 책 내고 자비로 CD 제작해서 우리가 사고, 해외에는 거저 기증하고⋯

아무튼, 연주회는 저 있는 동안 가능한 한 1년 2회 정도를 정기 연주로 정착시키고 싶습니다. 선생님께서 여작이나 아작을 통해 작품을 모집해서 보내 주시고 가능하면 작곡가들을 여기 핑계 삼아 보내 주시면 구경도 하고 슬라브 문화도 접해보고 해외 연주 경력도 쌓을 수 있고 일 석 3조 아니겠어요?

또 한국 내에서 여기 작곡가들 연주나 초청도 물론 교환 조건으로 가능하구요. 다만 아까 말씀드린 대로 여기 작곡가 회나 현대음악회에다가는 재정적 기대는 할 수 없는 형편이라는 것이 문제라면 문제지요.

선생님 생각을 말씀해 주시면 7~8월경 여작이나 아작 중심으로 가시 Concert를 추진해 보겠습니다. 사람이 오가는 경비가 크게 문제 된다면 작품만 보내셔도 됩니다.

저는 여기 작곡가회(카지닌이 회장)에서 작품 세미나를 몇 번 했고 데니소프가 회장으로 있는 현대음악회 작곡가들과 같이 일하고 있습니다. 여기 콘서바토리를 나갈까도 생각해 봤는데 시간 낭비일 것 같은 생각이 강합니다. 더욱이 매일 2시간씩 러시아어 레슨으로 뺏기는데…

지금 맘 같아서는 작품이 손에 잡힐 듯합니다. 해외에 사는 단 한 가지 장점이라면 작품 쓸 때 자유롭다는 것이겠지요. 물론 국내에 있다고 누가 뭐라 하는 것도 아닌데 왜 숨통이 막히고 압박감을 받는지 이유를 모르겠어요.

8·15 경축 음악회에 대한 솔직한 선생님의 의견 진심으로 감사했습니다. 누군가에게서 음악에 대한 속마음을 들어본 지가 언제인지 모르겠어요. 마냥 감추고 덮고… 뒤에서는 딴소리가 들리는데… 사실 작품 쓰는 데는 참 많은 격려와 위로와 도움이 필요한 작업 아니에요? 무엇을 쓸까 어떻게 쓸까? 서로 돕지 않으면, 마음과 몸으로 서로 힘이 되지 않으면 살 수 없는 어려운 세계가 창작 세계 같은데요 작곡 자체가 너무 외로운 작업이라서 그럴까요?

요즘은 작품의 아름다움과 작가의 마음을 읽을 수 있는 눈이 점점 떠져 가는 것 같아 감사하고 있습니다. 음악이 주는 기쁨도 한층 더 해가구요. 어떨 때는 작품 쓰는 것은 고사하고 듣고 느끼고 생각하는 것만으로도 사는 보람을 느낄 만큼 희열을 느낀답니다. 늘 좋은 작품들을 대할 때마다 감탄하며 천재성을 부러워하곤 했는데 요즘은 제 우둔함 마저 감사한 것이, 항상 제가 모자란 줄 알고 노력하게 해주는 원동력이 바로 제 아둔함에 있지 않나 해서이죠. 그래서 남의 것을 보는 마음도 생기고 듣는 귀도 생기고 마음도 열어 놓게 되고 자신을 채찍질하게도 되고요. 지금껏 한 작품에 매달리면 최선을 다하고 완벽을 꾀해 왔지만 지나고 나서 보면 결국, 모든 작품들이 다 변해가는 하나의 과정이고 그 과정 내에서 최선, 완벽이었다는 것을 깨닫고 있습니다.

결과적으로 작품에 대하는 제 태도가 좀 너그러워졌다고나 할까요? 편안한 마음으로 음악이 가는 곳으로 가도록 두어보자는 생각입니다. 어떻게 작품으로 결과가 나타날지는 아직 모르겠습니다만. 참, 말씀하신 작품집 건 잊고 지나갈 뻔했습니다. 작품 동봉하오니 저도 동참시켜 주시면 고맙겠습니다. 제 것 한 set 사고 2부 정도는 소화할 것 같으나 3~4부는 힘들 것도 같고… 어쨌든 노력해보겠습니다.

선생님께서 직접 소식 못 주시더라도 여작, 아작 연주회 프로그램과 공지 사항 등을 꼭 붙여주도록 총무께 한 말씀만 해주시면-회비도 3년분 미리 냈고… 회원 명단에는 서울 주소를 넣어 주시면- 선생님께서 일부러 신경 안 쓰셔도 다른 회원들과 같이 소식을 받아보게 될 것입니다. 아무쪼록 저 있는 동안 이곳과 많은 교류가 생기고 많이들 오셔서 구경하고 가실 수 있었으면 큰 보람이겠습니다.

선생님 항상 건강하시고 아름다운 마음 죽는 날까지 고이 간직하시길… 저 또한 그렇게 되길 빌면서 오늘은 이만 줄입니다.

모스코바에서 이 경화 드림

P.S: 엊그제 데니소프 씨를 만났는데 내년도 아작 초청 편지를 보여주더군요. 아직 회답은 못 했지만, 굉장히 기대가 크다고 브뤼셀 여행에서 돌아오면 곧 답하겠다고 했습니다.
요즘은 '모스코바의 가을' 음악회 때문에 매일 바쁩니다. 신문에 난 데니소프 씨 기사 참조가 될까 하고 카피 동봉합니다.
제 악보는 아작에 낸 'Voyager II'를 써 주십시오. 여기는 B4 size 카피가 없어서 한 달을 소비하고 답장이 늦어졌습니다.
급하신 연락은 Fax를 이용하셔요(Fax 202-8397).

> She seems to be satisfied with her studies at the Conservatory. In any case, whenever you are coming over, please let us know in due time. You are, as always, very welcome.
> With kind regards to your Husband, and very best wishes to you, also on behalf of my wife.
> Yours sincerely
> Ton de Leeuw

TON DE LEEUW
4 RUE DE LA CONVENTION
75015 PARIS.

이 선생님께
_1993. 4. 29.

봉투에 쓰인 제 이름과 주소를 보시고 깜짝 놀라셨죠? "애가 왜 방학도 아닌데 JKT에 가 있어?" 하실 것 같습니다. 지난겨울 서울 가서 정숙이 만나 선생님께 세배하러 가자고 했더니 paris에 가시고 안 계시더군요.

저는, 선생님.

지난 3월 6일 저의 아들 둘을 모두 데리고 여기 자카르타로 이사 왔습니다. 아이들 아버지 일이 한국으로 돌아갈 가능성은 희박해지고, 여기 공장, 사무실은 자꾸 일이 많아지고…… 몇 달 심사숙고 끝에 결론을 내리고 저의 인생에서 180° 회전하여 이곳으로 왔습니다. 아이들은 한국인 초등학교에 6학년, 4학년 다니고 있고, 전 말 그대로 평범한 주부가 되어, 여기 생활에 적응하려고 애쓰고 있습니다.

여기 생활은 선생님께서 잘 아시니까 별 설명 안 해드려도 되겠지만, 저는 더운 걸 싫어하는 편이고, 아직 두통이 심해서 견디기 힘들 때도 있지만 3개월 정도 지나면 괜찮아진다고 옆에서 얘기해 주는군요. 강사였지만, 그래도 내 생활을 갖고 있었고, 또 가르치는 일에 열심을 내었고, 보람도, 긍지도 있었는데 그만둘려니까 눈물이 날 정도로 섭섭했습니다.

  그래도 남편이 3년 넘게 혼자 있는 게 마음 아프고 또 너무, 미안하기도 하고, 그래서 내린 결론이었습니다. 친정 부모님께는 많이 미안하기는 했지만, 그럭저럭 이곳에 온 지 2달이 다 되어 갑니다.

  제가 사는 PONDOK INDAH는 조용하고 다른 곳보다는 시원한 편이고, 비도 자주 오는 편입니다. 그리고 차로 5分 정도 거리에 PONDOK INDAK MOLL이라는 대형 백화점이 있어 별 불편 없이 지내고 있습니다. 저는 한국과는 달리 도우미 2명을 거느리고(?) 제법 주부티를 내면서 지내고 있습니다.

  참,

  선생님 외할머니 되신 것 축하드립니다. 난이가 쌍둥이 딸 낳은 얘기를 들었거든요. 요즘도 여전히 바쁘시겠지요? 연대 강의도 계속 나가시겠지요. paris에는 잘 다녀오셨는지.

  은미는 결혼 소식 없는지. 준영이도 결혼할 나이 되었죠? 제가 처음 준영이 보았을 때가 진관외동에서 3살인가 4살인가? 그때였는데…… 난이는 예원학교 다니고 있었고, 참 세월이 빠름을 느낍니다.

  선생님! 늘, 건강하시고. 좋은 작품 많이 쓰시고, 시간 나시면 제게 편지 주시면 참 고맙겠습니다. 또 소식 전해드리겠습니다.

  안녕히 계십시오.

자카르타에서 제자 은애 드림.

이영자 교수님
_1993. 5. 7.

　지난번 학교에서 선생님을 뵙고 집에 오며 '선생님이 참 좋다'라는 생각을 했습니다. 선생님을 뵈면 언제나 인생에는 멋진 구석이 많이 있고, 해야 할 일이 많다는 것을 새삼 깨닫게 됩니다. 또한, 진지하게 삶에 충실하라고 재촉하시는 것 같습니다.

　선생님의 얼굴과 작품에는 항상 이 카드의 향기와 같은, 꽃의 향기와 정열이 묻어 나오는 것 같아요. 그 향기를 언제나 잃지 않으셨으면 좋겠습니다.

　저는 사실 모든 면에서 부족한 점이 많고 그리 완벽하지가 못합니다. 단 한 가지, 아직도 인생은 멋지고, 매력이 있고, 음악이라는 것이 모든 것을 내던져 뛰어들어 볼 만한 것이 아닌가 하는 그런 소녀다운 순수한 열정은 지니고 있고 솔직한 편이랍니다. 아마도 선생님께서 저의 그런 점을 인정해 주시지 않았나…, 그러므로 이런 귀한 배려들을 해 주시지 않나 생각해 보고 그게 맞는다면, 저로서는 더 없이 감사하고 기쁘답니다.

　그러나 저보다 더 순수한 마음과 열정은 선생님이 지니시지 않았나 감히 생각해 봅니다.

　선생님, 여자로서 혼자서 해 내시는 모든 일에 어려움과 외로움이 많으시더라도 선생님을 사랑하는 많은 제자들(저도 포함!)을 생각하시고 꿋꿋하게, 멋지게 나아가 주시기 바랍니다.

임준희 드림

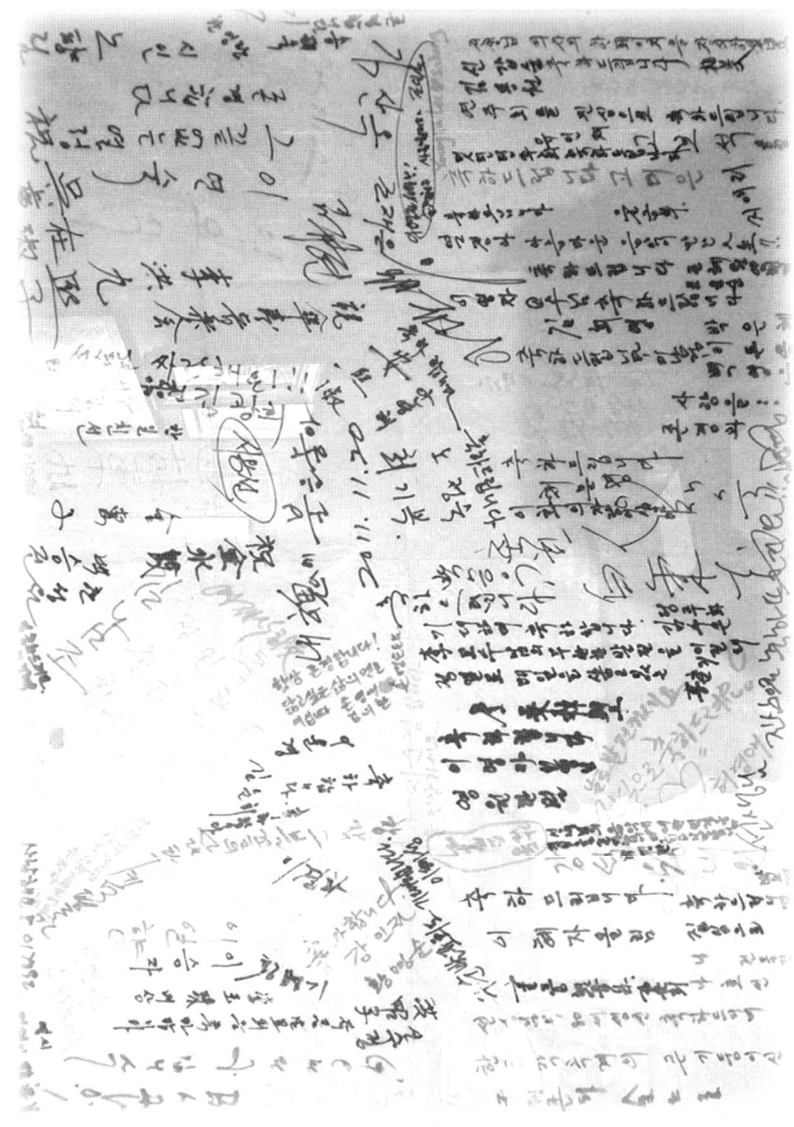

이영자 선생님께
_1993. 6.

　선생님 그동안 안녕하셨는지요? 너무 오랫동안 소식을 전해드리지 못해 죄송했어요. 아기 낳고 키우는 게 이렇게 바쁘고 에너지 소비하는 것인지 하루가 어떻게 지나가는지 모를 때가 많거든요. 아기는 3월 31일에 수술해서 낳았어요. 예정일이 훨씬 넘도록 애가 나올 생각도 안 하고 마지막에는 애의 위치도 안 좋아지고 해서 수술할 수밖에 없었는데 다행히 3.5kg의 건강한 남자아이를 낳았지요. 저하고는 닮은 데가 한 군데도 없고 보는 사람마다 아빠 닮았다고 하는군요. 애 낳는 바람에 4월 7일에 있었던 6인 음악회 때는 물론 가 보지도 못하고 리허설에도 참석지 못해서 연주자들이 어떻게 생겼는지도 모른답니다.

　참, 선생님 건강 때문에 리허설 도중에 가셨다고 들었는데 건강은 좀 나아지셨는지요. 스승의 날 그리고 선생님 생신날 선생님 생각 많이 했는데 애를 맡길 형편도 아니었고 그렇다고 애를 데리고 나갈 엄두는 더더욱 나지 않아 찾아뵙지도 못했어요. 저처럼 임신 도중 그리고 애 낳고도 몸 사리는 사람은 못 보셨지요? 이제 좀 있으면 애기도 백일이 되니까 그때는 다른 사람에게 애 맡기고 다니든지 아니면 제가 애를 데리고 다니든지 할 수 있겠지요. 그때 한번 찾아뵙도록 할게요. 찾아뵐 형편도 아니면서 그냥 전화만 달랑

드리기도 뭣하고 빨리 찾아뵈어야지 하고 벼르다 보니 벌써 세월이 너무 지났기에 일단 편지를 드립니다.

    선생님, 한번 찾아뵐 때까지 건강하시구요. 대사님께 그리고 난이에게도 안부 전해 주세요.

    안녕히 계세요.

홍나미 드림

이 선생님께

가을이 짙어 갈 수록 한 해가
다 가는 아쉬움이 더 해갑니다.

아시아 음악제 끝내시고 병 나지
나지 않으셨는지요?
음악제 끝내시고 허전 하실
헌제 인사도 드리지 못했습니다.

값진 것은 아니나 보시면 재미
있어 하실것 같아 카-드를
몇 장 골랐습니다.
즐겁게 받아 주십시오.

그리고, 언제나 건강 하시고
좋은 작품 들려 주십시오.
선생님 활동 하시는 것이
저희들에겐 무엇보다
아픈 정답 입니다.
행복한 가을, 보내십시오.

1993. 11. 10
김혜자 올림

선생님 안녕하세요?
1994. 2. 25

어느새 봄이 문득 느껴지는 그런 날이예요.

매주 토요일이면 렛슨 끝나고 집에 돌아올 때 선생님 생각이 납니다.

두 번 연속해서 렛슨 끝난 뒤의 허탈한 마음을 선생님의 따뜻한 이야기와 사랑으로 위로 받았던 것이 잊혀 지지 않는답니다.

Dutilleux 'Le Jeu des Contraires'의 부연 설명 페이지를 복사해 보냅니다.

빨리 보내지 못해 죄송해요. 그래서 서울 가는 친구 편에 부탁했어요.

선생님께서는 작품 쓰시랴, 여러 작곡가 협회 운영하시랴, 얼마나 바쁘세요.

그러시면서도 항상 소녀처럼 순수하고 밝은 모습 간직하시는 비법이 뭔지 알고 싶어요.

종일 연습하고 악보 분석하고 음악 속에서 살다 보면 왠지 세상에 나서기가 싫어집니다. 공부할수록 점점 이상이 멀어져가고 저 자신이 형편없이 느껴지기 때문일 겁니다.

계속 파고들다 보면 길이 보이겠지 위로하며 서둘지 않고 있어요.

몇 년 후의 박혜영을 기대해 주세요.

선생님의 훌륭한 많은 작품과 그를 위한 건강을 기원하며

1994. 2. 25 Paris에서 박혜영 올림

avez bien voulu nous dédier, malgré vos nombreuses occupations dans le cadre de l'organisation.
Bien sûr, nos pensées vont aussi à Nami, qui a pu se libérer pour participer aux rencontres et assister à des concerts. Des interprètes chevronnés comme elle sont indispensable pour un festival international.
Croyez en nos sentiments les plus amicaux

선~생~님!
_1994. 4. 5. 木

저 수현이요. 별일 없으셨죠? 전 너무너무 잘 지내요. 요번 학기엔 Violin Solo 쓰기로 했어요. 그래서 몇 작품 들어봤지요. 무심코 그냥 들을 땐 몰랐는데 악보 보고 꼼꼼하게 짚어보니까 그 사람들은 어떻게 이런 곡을 썼나 싶고 제가 너무 부끄러웠어요. 저희 목요일마다 선배 언니들 현대음악 작품 듣거든요. 뭐가 뭔지 하나도 모르겠어요. 정신없고. 처음엔 다 그렇겠죠?~

선생님 요즈음도 Diet 하세요? 전 이제 시작이에요. 애들 다 너무 날씬한 거 있죠? Hi~~

학교에서 lesson 한혜리 선생님한테 받는 애들이 저한테 막 자랑하는 거 있죠? 선생님 너무 좋으시다고……

정말 선생님, 한혜리 선생님같이 인간적이시고 따뜻하게 해 주신 선생님은 드물 거예요. 저랑 같은 학교 나왔다는 아이 있잖아요. 개네 선생님은 고3 때 lesson비 안 가지고 왔다고 그날 20분만 하다가 가라고 그랬대요. 글고 그다음 lesson에는 만나자마자 Lesson비 가져왔냐고 묻고.

예전에 제가 숙제 덜 해가서 Lesson 많이 못 해 주셨을 때 선생님께서 Lesson비 다시 돌려주신 기억나세요? 정말 너무 죄송스럽고 몸 둘 바를 몰랐어요……

앞으로 선생님 은혜에 보답해 드리려면 공부 열심히 하는 길밖에 없겠죠?~~

다시 편지 드릴게요. 건강하시고 식사는 제때 꼭 하세요~

식목일에 제자 백수현이 올립니다.

벗으니 웃는다

2021
청색시대27집
현대수필문인회

이 영자 교수님

감동했습니다
멋진 마스크 선물 이전에
어찌 그리도 세심한 배려
의 따뜻한 휴매니티
를 가지셨는지요. 내내
건강하세요.
2022. 4. 5.(화) 김남순 드림

존경하는 준영이 어머님께

_Paris le 4. Juin. 1995.

한 30분 후면 장옥님 씨 일행을 마중하러 나갈 거예요.

오시면 또 얼마간은 편지 쓴다는 것을 잊어버릴 테니 미리 몇 자 적어 올립니다.

저는 4월달에 약 2주간 한국을 다녀왔어요. 아빠 건강이 별로 좋질 않아서 부랴부랴 나갔는데 한국 있는 동안 해주는 밥 먹고 애교도 실컷 부리고 그랬더니 참 재미있더군요. 덕분에 아빠는 조금 괜찮아지셨대요.

돌아오자마자 음악회도 몇 개 해치우고(?) 특히 Ambassade du Japon에서 있었던 음악회는(TAIRA Carte blanche였는데 저는 지휘) Henri Dutilleux 씨께서 오셔서 음악회 끝나고 무대 뒤로 와서는 Je me presente…… 해가며 나의 앞날과 특히 그 음악회에 대하여 너무나 큰 칭찬을 해 주셔서 너무 황홀했는데 얼마 전에는 편지를 보내 주셨어요. 그래서 빨리 답장해드릴려고 하고 있어요.

그리고 Piano도 실내악 많이 하고 있고-Orchestre de paris의 3e Violoncelle Solo와 Duo하고 (Olivier lacour- 방학 전 음악회가 2개, 그리고 9월달에는 Trio 연주도 잡혔어요. 요즘은 성악 반주도 많이 하고 있죠. 저는 opéra에 관심이 많기 땜에 성악 반주가 들어오면 거절 안 하고 다 하는 편이라 요즘 조금 바빠요. 언젠가는 다

쓸데가 있으려니 하고 Concerto 반주가 들어와도 다 하구요(영신 언니 방, 경욱이 등). 요즘 그래서 그런대로 재밌는 생활을 하죠. 그런 와중에도 영신언니한테 달려가서 밥 사달래서 얻어먹고 한 3~4시간 Paris 거리를 걷는 것도 잊지 않죠. 주로 밤에 그러는데 그렇게 한밤중에 두 여자가 걸어 다녀도 아무 탈이 없는 곳은 아마 이 세상에 Paris밖에 없는 거 같아요. 여러모로 Paris에서 사는 게 참 행복한 거 같아요. 가족만 곁에 있으면요.

준영이는 6월 음악회 땜에 한국에 갔다가 8월에 이곳에 온다더군요. 준영이만 Paris에 나타나면 완전 STAR에요. 이곳 한국 친구들(경애언니, 영신언니, CHO 회장님댁 포함)은 물론이고 불란서 친구들까지 June이 나타나기만을 기다리죠. 저번에 June이 왔을 때는 막판에 제가 아프는 바람에 기운이 빠졌지만, 이번에는 Bertillon 아이스크림 먹을 계획까지 짜 놓을 생각이에요.

아, 이제 공항에 나가봐야겠군요. 시간이 됐어요. 장옥님 씨 일행이 떠나시는 대로 다시 연락 드릴게요.

날씨가 어두워서 어머님이 보내 주신 꽃무늬 바지를 입고 갈까 벼르고 있었는데 추워서 암만해도 안 되겠어요. 한국은 날씨가 참 따뜻할 텐데 말이예요.

몸 건강히 안녕히 계세요. 아버님께도 꼭 인사 전해주세요.

Paris 서 선영 올림

이영자 선생님!
_일천구백구십구년 이월 십이일에

회색의 구름에 아침의 태양이 비치니까, 그 빛이 더욱 강하게 느껴집니다.

어제 선생님의 아름다운 글을 받고 너무 기쁘고, 감사해서 그 마음을 전하고자 몇 자 적습니다.

선생님의 겨울 나그네 모습이 상상만 해도 무척이나 아름다운 것 같습니다.

항상 새로운 것을 보시고 느끼시기에 그렇게 젊으시겠지요?

음악을 향한 끊임없는 정진과 열정을 그대로 느끼면서, 이 별에서의 삶은 이러듯 늘 자신을 안주하지 못하게 하는 것이 아닌가 생각했습니다.

항상 작품을 쓰고 있으면서도

쓰기 시작할 때는 늘 처음 쓰는 것 같고,

쓰다가 답답해서 주저앉고 싶기도 하고……

그렇지만 폭풍우가 몰아쳐도, 눈보라에 삭풍이 불어도, 앞으로 나아갈 수밖에 없기에 걸어가기도 합니다.

그러다가 태양을 바라보게 되고…….

선생님!

바쁘다는 핑계로 정신없이 살아가다가

마음의 정원에 피어있는 꽃의 아름다움도 느끼지 못하고 지내다가, 그 꽃이 시들 때가 되어서야 그것을 느끼고 안타까워하는 바보 같은 짓은 하지 말아야겠다는 생각을 했습니다.

분명히 내일보다는 오늘이 젊은데.

어제보다 오늘이 늙은 것만 보고,

아쉬워했던 시간을 보면서 오늘에 기뻐하고

그 젊음에 감사하고 싶습니다.

그리고 마음의 정원에 늘 아름다운 꽃이 피어 있을 수 있도록 돌보고 나누어야겠다고 생각합니다.

마음의 정원에 꽃 한 송이도 피우지 못한다면, 그것은 너무나 삭막하겠지요?

선생님의 마음에는 분명히 아름다운 꽃밭이 있으리라 믿으면서,

늘 건강하시고 따사로운 삶을 영위하시기 바랍니다.

　　　　　　　　아름다운 이 선생님께 감사의 마음을 전하면서

　　　　　　　　　　　　　　　　　　　조인선 드림

이 교수님!
_2005년 2월

뜻밖에 보내 주신 책과 program 잘 받았습니다.

가장 화려하게 터지는 불꽃처럼 그 찬란한 섬광을 가슴에 안고 황홀하고 또 애잔스런 그런 기분으로 며칠을 살았습니다. 또 아름다운 선율 속에 훈훈하고 정겨웠을, 그날의 그 밤을 생각하며 이국에서 사는 서글픔을 맛보아야 했습니다.

참으로 대단하셨습니다.

또 생전에 기쁨의 극치를 누리는 김남조 선생님은 참으로 행복하신 분입니다. 그동안 몇 차례 전화했지만, 통화를 못 했는데 이렇게 기억해 주셔서 정말 감사합니다. 지금도 그날 돌아오는 길에 들렸던 그곳 아이스크림과 온통 불빛으로 현란했던 야경이 눈에 선하고 그보다 그분에 대하여 들려주셨던 말씀들이 저에겐 행복한 추억으로 기억됩니다. 이따금씩 꺼내 보며 음미하지요.

아무쪼록 건강하세요.
기쁘고 행복하게 사세요.
그래서 아름다운 곡 더 많이 들려주세요.
안녕히 계세요.

조경자 올림

이영자 선생님께

여름마다 미국에 오셔서 좋은 시간을 가지실 수 있으니 참 좋으시겠네요.

Festival도 참가하시고, 연주도 하시고, 아름다운 환경에서 따님과 함께 계시고, 작품도 쓰시고……

며칠 전 제가 말씀드린 London 음악회는 그냥 깨끗하게 미안하게 됐노라고 e-mail을 보냈습니다. 저는 연결만 지어줬지 실제 업무는 상관치 않은 사람이니까요. 그냥 흘러가는 대로 보고 있겠습니다.

지애리 선생이 8월 말~9월 초 약 5~6일간 이곳에 작품 만들러 옵니다. Imbrie 교수님 작품을 만들어야 되니까요. 또 몇 명의 작곡가들을 만나 가야금도 가르치게 될 것 같고, U.C. Barkeley에서 Lecture Demonstration도 하게 되었습니다. 아마 늦가을쯤 독주회를 하지 않을까 하는데요(음악회가 9월 6일로 정해졌습니다. U.C. Barkeley).

동봉해 드리는 CD는 master CD로 그냥 CD 만드셔도 됩니다. 지애리가 Imbrie 교수 작품과 다른 1곡만 더 넣으면 CD 하나가 완성됩니다. 내년 초 project가 진행이 되어가고 있는데 좀 규모가 생각보다 커질지도 모릅니다. 한국에서도 곽은아 선생이 애를 씁니다. 아마 좀 시끄러운 행사가 되지 않을까 하는 생각도 듭니다.

Cello & Clarint이 참 잘 어우러지는 것 같아요. 두 연주자의 소리가 잘 융합이 되며, 연주를 같이 많이 해서 호흡이 잘 맞습니다. 제가 소개시켜 드렸던 불란서 출신 연주자입니다. 꽤 노련하고, 성실하고, 뛰어난 연주자로 소문이 났습니다.

선생님께서 주신(만들어 주신) necklace는 참 잘 맞아요. Mrs. Imbrie께서도 즐겨 하고 다니십니다. 감사합니다. 저까지 신경을 써 주셔서.

선생님 건강하시고 좋은 작품 마음껏 쓰세요. 저는 어쩜 어디로 갔다 올지도 모릅니다. 작품을 끝내야 하는데 너무 잡일이 많아 작품에 몰두가 안 돼요. 9월 15일까지 작품 2개가 끝이 나야 합니다. 하나는 5중주이고, 하나는 Trio입니다. 가을 학기는 안식 학기라 작품만 써야 합니다. "Requiem" 합창과 Chamber Orchestra입니다.

교수 생활이 무척 고달픕니다. 하지만 누군가 학생들을 가르쳐야 하니까, 보람 있는 일로 알고 감당합니다. 은퇴를 하면 작품만 써야지요.

제가 연락 또 드리겠습니다. 안녕히 계세요.

P.S: 저희 남편 John이 선생님 style대로 작품을 써 주시면 제일 좋을 것 같다고 합니다.

California에서 김희경 드림

P.S: Fulbright 재단에서 음악 부문 심사 위원으로 선정되었습니다. 3년간.

P.S: 이재숙 선생님 음악회가 9월 10일이랍니다.

이영자 교수님께
_2010. 가을

선생님!

선생님을 뵈온 후부터 그냥 바라만 봐도 많은 가르침을 받고 있습니다.

선생님의 삶과 열정, 적지 않은 연세에도 항상 배우려는 자세, 베풀려는 마음. 모두 저와 수필 반 가족들에게는 무한한 에너지 공급원입니다. 등단하신 지도 벌써 계절이 몇 번 넘어가고 있습니다.

김상미 선배님과 제가 조그마한 마음을 담았습니다. 병처럼 생긴 것은 상미 선배님께서, 찻잔은 제가 준비했습니다. 선생님께서 창작활동을 하시면서 가끔씩 바라만 주셔서 저희들에게는 영광이겠습니다.

늘 건강하십시오.

임지윤 드림

賀 書

평온하며 잔잔하고 장중하며, 생동의 강인함을 느끼게 하듯 한국의 소리와 가락은, 째지는 듯 고성 경음의 치받는 파열음의 이음과는 달리, 그 무엇인가의 무한한 생성 조화의 신비스런 유별함을 느끼게 하며, 소리의 이음 안에서 어머님의 모습도 연상케 한다. 이러한 한국 소리의 신비의 숨결을 오선지에 옮기신 그 한 분이 이영자 선생님이시다.

이화여자대학교 음악대학 작곡의 역사는 이영자 선생님의 말씀을 빌리면, 〈한국 음악의 불모지를 개척한 선구자〉이고, "서양음악의 기법을 쫓기 보다는 한국적 음악으로 세계인에게 감동을 줘야 한다"는 〈한국음악의 세계화〉를 주창한 김순애 선생님에게서 비롯하여 이영자 선생님으로 이어온다.

1950년 피아노 전공으로 이화여자대학교에 입학하여 작곡으로 졸업한 이영자 선생님은 모교 재직 시에 선생님 특유의 환한 미소로 늘 제자를 대하셨지만 "뒤 돌아보지 말고 앞으로만 나아가라!"는 말씀은 지금도 학생들에게 전하는 소중한 가르침이다.

이영자 선생님은 한국여성작곡가회를 창단하고, 초대 회장 직을 역임하였으며, 〈2003년 세계여성음악제〉를 국제여성음악인연맹과 공동으로 서울에 유치하여 60여개의 작품을 초연하면서 한국적인 독특한 정서와 얼이 담긴 격조 높은 창작 음악을 소개하고 한국 음악의 우수성을 세계에 알린 분이다.

이영자 선생님은 우리 전통 음악에도 심취 가야금, 거문고, 대금의 독주곡과 피아노와 국악 관현악을 위한 협주곡도 작곡하였으며, 전통 음악을 현대적 감각으로 재해석하고 한국인의 정서를 우리의 악기로 표현하면서 과거와 현재를 아우르고, 〈광복 50주년 대한민국 찬가〉, 〈개천절의 교향적 축전서곡〉을 작곡하여 한국을 널리 드높이셨으며, 안으로는 가야금 독주를 위한 〈만가〉, 거문고 독주를 위한 〈할미꽃 연가〉, 가야금의 〈서정시곡〉, 대금과 세개의 현을 위한 사중주 〈나비의 연가〉 그리고 모두를 품 안에 안으시는 영원의 사랑, 〈어머니의 노래〉로 심금을 울리신다.

인생이란 물처럼 흐르고 모래처럼 흩어지고 바람처럼 사라진다. 하지만 선생님께선 흩어지지 않고 사라지지 않는 아름다움을 오선지에 담아 안겨 주신다.

이화여자대학교가 한국적 음악으로 세계인에게 감동을 주는 〈한국음악의 세계화〉의 현장이 될 수 있는 날을 기다리며, 팔순을 맞이하신 이영자 선생님의 〈傘壽음악회〉에 이글을 올린다.

2011년 11월
이화여자대학교 음악대학 동창회장
방명혜

Dear 언니!
_June. 2012

언니! 작품연주회 Program 보내주셔서 감사합니다.

네덜란드 외교관 시절 사진 너무 멋져요. 모든 여성의 꿈이지요.

 1950년 입학 때 만든 악보 너무 잘 만드셨어요. 저는 '숭어'를 부르고 들어갔습니다. 재학시절 '심재명'이라는 친구가 나와 말을 하고 싶어서 얼굴을 보면 너무 깍쟁이같이 생겨서 3개월을 말을 못 부쳤다고 하고 지내고 보니 아무것도 아니라고 했습니다.

언니는 그동안 12번의 발표회를 성공리에 하셔서 대단하십니다. 저는 1957년에 조선호텔에서 '정진우' Pianist 반주로 미국 가는 송별독창회를 했고 미국 Kansas city에 있는 Conservatory of Music에 유학 가서 (1월에), 5월에 저의 개인 성악 지도 선생님이 독창회를 열어 주어 2번째 독창회를 했고 3번째 하려고 했는데 차일피일 못했습니다.

언니 딸 하프 한준영은 똑똑하고 사교적이고 제가 S. F. 왔을 때 여기 오면 꼭 연락하라고 했더니 N. Y. 오시면 꼭 연락하시고 같이 식사하자고 했지요. 부엌에 들어가서 내색하지 않게 그릇 (Plastic) 꺼내서 남은 음식 담아서 나누어 주는 것 보고, 제가 "아주 살림하여라……" 하고 농담할 정도로 친밀감이 넘치는 따님이었지요.

Pianist 한 난이는 말이 없고 조용하고 두 형제가 모두 잘생기고

Talent 합니다.

　남수오빠는 저와 성격도 잘 맞고 올케가 단국대 성악교수로 학장을 두 번 했고 Prima donna 합창단에 있어서 외국 연주를 잘 다녀 그때마다 오빠와 동남아 여행을 다녔는데 너무 재미있었고 잊지 못할 추억이 됐습니다.
　저는 글씨를 쓰다 보면 많이 흐트러지는데 언니는 처음이나 끝이나 똑같은 게 신기합니다.
　반세기에 한 명 날까 말까 하는 인물 같아요. 그리고 언니는 미(美)와 복(福)과 부(富)를 모두 가지고 태어나신 행운의 여신입니다. '전 옥희' 이대 선배님은 이번 정월 초하루 교회에 언니가 주신 '목걸이'를 하고 오셔서 덕분에 가지게 됐다고 하시면서 제일 좋아하는 목걸이라고 하셨습니다. 제 것도 좋고 모두들 애용하고 있습니다. 고맙다고 언니께 편지했는데 못 받으신 것 같다고 하셨습니다. 예쁜 목걸이에 Bag까지 많이 감사합니다. 모두들 그렇게 얘기합니다. 이 보영이는 저의 반주자이며 천재 기질을 타고났습니다. Piano도 잘 치지만 모든 면에서 틀림없고 New York에 사는데 저와 E-mail로 자주 연락하고 지냅니다.
　편지가 너무 길어졌지만, 못다 한 말이 너무 많이 있습니다. 차차 연락드리기로 하고 오늘은 줄이겠습니다.

　새해에도 언니 건강하시고 좋은 작품 또 만드셔요.

　사랑합니다.

이현수 올림

어머니께

어머니께.

어머니! 안녕하십니까?
1년에 한번 어버이날을 맞아서
감사한 마음을 전하는 것은
자식으로서는 참 약소합니다.

아침에 눈을 뜨면서 저녁에 잠을
청할때까지 혹은 자면서 악몽을
꾸거나 가위에 눌렸을 때도
"엄마"를 부르곤 하지요.

신께서 모든 사람을 보살필수가
없어서 어머니를 만드셨다는 이야기
를 들은적이 있습니다.

적지 않은 나이를 먹었는데도,
엄마 앞에서는 그냥 딸 입니다.

어머니께서 자식들에게
헌신하고 봉사하고 희생하는 것들을
자식을 낳아야 철이 든다고 했는데,
전 철이 평생 들지 않을것 같습니다.

어머니!
어버이날 감사한 마음을
전합니다. 말하지 않으면 모른다
고 합니다. ^^ 감사합니다!

건강하시고 덜 걱정스러운 자식이
되도록 힘껏 애쓰겠습니다.
안녕히 계십시오 2013. 5. 최용선 올림.

언제나 열심히 공부하시는

선생님, 우리 선생님!

이 영자 선생님께!

대담자 배○○ 드림

2015년 10월 5일

이만성

Dear 할머니

조금만 더 기다려주세요.!!
너무너무 사랑해요 할머니 ♡
할머니께서 저희 곁에 계셔서 저희가
이 힘든 인생을 버티고, 헤쳐나갈 수 있는거에요.
오래오래 건강하세요.!!   2015. 12.24
                              보연 올림 ♡

Dear 할머니,
Merry Christmas 🎄

드디어 크리스마스가 다가왔어요. 오랜만에 온가족이
다 모여서 맛있는 음식도 먹고, 시간 보내서 너무 즐겁고,
행복해요. 이번 마지막학기에 동학하여서 가족들과
더 많은 시간 보내고, 매일 할머니 도시락여고, 집밥
먹고!! 너무 행복했어요. 더 힘내서 공부 할수있었던
이유예요. 4년동안 중 제일 즐겁고, 제일 힘낼수
있었던 학기였어요. 너무너무 감사드려요~
이제 졸업도 하고, 대학원공부하여 입턴하여 새로운
경험 많이 쌓으면서 꼭! 다 보답해드릴게요.
저희 곁에서 건강히 계셔주세요. 너무 우울해하시지
마시고, 스트레스 받지마시구요... 저는 할머니께서 항상
행복해셨으면 좋겠어요. 비록 할머니께서 없는 사람이
많으시고, 그와 대일까이시는데 화려한 검에서 살고 계시지는
Merry Christmas and happy new year ho ho ho!
않지만, 제가 할머니 행복하셨두 없지 다시 갚아드릴게요.

사랑하는 할머니

To 사랑하는 할머니,
생신 진심으로 축하드립니다!
어느덧 2016년도 반이 지나가네요.. 시간이 참 빠르게 지나갔어요. 학교에서 일하는 저희, 잘하고, 마음 안 상하나 걱정 많으실텐데... 저희 눈치껏 잘하고, 열심히 배우고 경험 하고 있어요~ 너무 걱정마세요! 할머니 손녀딸들 어디가서 칭찬받고, 자랑스러운 쌍둥이 될 수 있도록 열심히 하고 있답니다. 열심히 일해서! 공부도 열심히 해서! 돈 많이 벌어서 할머니, 할아버지 호강시켜드릴테니 오래오래 건강하시고, 조금만 기다려주세요

저도 할머니처럼 늘 도전하고, 배우고, 남들 도와주며 배푸는 멋진 여자가 될거예요! 그러기 위해서 ♥♥ 지금 열심히 배우고 있어요~
2016년 남은 한 해에도 더더더! 건강하시고~ 늘 행복하고, 즐거운 일들만 가득 하길 바랍니다.
너무 너무 사랑해요, 할머니!
다시 한번 더 생신 진심으로 축하 드립니다~! Happy Birthday!
2016. 6. 4 -큰 손녀딸 을림-

I LOVE ♥ YOU

사랑하는 할아버지, 할머니께

사랑하는 할아버지, 할머니께 ♥

할머니, 할아버지~ 결혼 58주년 기념으로 축하드려요♥ 올해는 반포동 집이 아닌 오피스텔에서 지내지만, 그래도 제대로 기념할 수 있어 다행이에요. 이 오피스텔에서의 생활도 나중에는 잊지못할 추억이 될것 같아요. 추석도 지내고, 온가족 7명이 모여서 시간도 보내고..

벌써 58주년이라니.. 앞으로 60년, 70년, 80년... 쭈~욱 같이 기념했으면 좋겠어요..ㅎㅎ

할아버지, 할머니~ 남은 2018년도 건강하시고, 저 보연이랑 함께 행복하게 살아요!!

Dear 할머니

Merry Christmas
&
Happy New Year!

Dear 할머니,

Merry Christmas, 할머니!

2021년 한 해에는 많이 편찮으시기도 하시고, 많은 일, 행사들이 많았네요. 정말 훅~ 하고 지나가버린 느낌이예요. 2022년 새해에는 부디 건강하시고, "감기" 조심하시고, 할머니께서 지금까지처럼 하셨던 일, 바라시는 일 모두 이루어지기를 바랍니다. 부디 내년에는 코로나 상황이 좀 나아졌으면 좋겠네요… 새해 복 많이 많이 받으시고, 메리 크리스마스!

2021. 12. 25
수연 올림

李 榮子 교수님   11/25

어제 저녁엔 메리엇 호텔에서
아주 즐겁고 유익한 時間을
갖게 해 주셨습니다. 고맙습니다.
귀중한 "思い出話"도 저에겐
즐겁고 유래했습니다.
저의 집사람은 12월 전후 하니
반드시 지정 장소에서 치료받게
하겠습니다. 그리고 수시로 모시고
말씀 듣겠습니다. 惡い年の世ぬで
大文字に なりました. 내내

                    柳 榮 鎬 上

유중호
07987
서울시 양천구 목동동로 350
501동 504호

이 영 자 교수님
서울시 서초구 주흥10길 21 201호
06537

(010-5361-2335)

이영자 선생님께
_2024. 4. 3.

선생님과 만난 시간이 어느덧 반세기가 흘렀습니다.

주마등같이 지나온 시간이 믿어지지 않습니다.

제가 대학교 시절을 더듬어 보면 병원에 입원하셨을 때 선생님에 대한 기억이 지금도 생각납니다.

그땐 혹시 무슨 문제가 생길까 봐 걱정되었어요.

그리고 4학년 때 과 Queen이 되어 선생님 댁을 방문했던 기억도 새롭습니다.

부족한 저를 깨우쳐 주신 것에 대해서 이제야 감사한 마음이 듭니다. 그동안 오랜 시간 제자로 가르쳐주시느라고 고생하셨습니다.

2016년 'Trilogy IV 이영자와 그의 제자들'이 현대음악 앙상블 '소리' 주최로 열린 음악회에 제가 신부님과 한혜리, 홍사은, 심옥식 등 세 후배들과 함께 'Korean Schools II'에 끼어 예술의 전당 리사이틀홀에서 발표된 음악 '현악 삼중주'가 세계 초연한 것은 저의 생애에 가장 축복받은 날이었습니다. 그 뒤 많은 세월이 흘렀어도 지금까지도 예술혼을 불태우시는 선생님의 모습을 잊지 않고 따라가고 싶습니다.

창의하는 여성이 곧 지성미 있는 여성임을 강조해 주신 선생님의 가르침을 되새기면서 살겠습니다. 그리고 창조적인 사람이 되라는 가르침을 새기면서 정진하겠습니다.

그럼 언제까지나 가정이 평안하시고 건강하시기를 기도하겠습니다.

따뜻한 초여름 어느 날 찾아뵙겠습니다.

안녕히 계십시오.

전주 이혜자 올림

Joyeux Noël

et

Bonne Année 2022

존경하는 욱엄마~.
Merry Christmas & Happy New Year 2022!!

올 한해도 정말 다사다난한 한해였네요. 그토록 피하던 코로나도 우리집에 방문하고... 감사하게 엄마, 아빠, 목사의 퇴원하시길 죽을때까지 안 잊을겁니다~.
다가오는 새해에도 엄마께서 하시고자 하시는 모든 일 다 성취하시길 기원할게요. 건강하게, 부디 무리만 하지 마세요~
사랑합니다, 엄마~.

2021. 12. 25
큰딸 난이 올림

축하합니다.
이영자님
彼岸

시꼬르르 주님의
平和 김웅

李英子先生惠鑒
天高氣清
延年益壽
庚子 嘉俳節
李根培

2024 Special Opening
작곡가의 방

2024. 3. 7(목) 17:00
예술가의 집 3층 다목적홀

ARKO한국창작음악제 작곡가 조명 프로젝트

2024 SPECIAL OPENING

제9회 작곡가의 방

2024. 3. 7(목) 17:00
예술가의집 3층 다목적홀

오프닝 연주 이영자 작곡(2022) - 아름다운 헌정 I, IV   Pianist. 이민영

몽당연필,
내 방 두 대의 피아노 위는 어지럽다.
쓰다가 던져버린 오선지, 완성된 작품,
빛바랜 사진 액자, 버릴까 말까 망설이는 애장품들.
그 한복판 투명한 유리병 안에 깎이고 또 깎여
6cm된 몽당연필이 불규칙한 자세로 있다.
볼 때 마다 행복하고 신선한 영감을 준다.

이영자 수필집 「불사조의 노래」 中

'한국 현대음악의 얼굴이자 어머니'로 불리우는 작곡가 이영자는 1931년 강원도 원주 출생으로 이화여대 작곡과 학사 및 석사를 마치고 프랑스 국립고등음악원, 벨기에 브뤼셀 왕립음악원을 졸업했으며 이에 더해 프랑스의 Olivier Messiaen, 벨기에의 Marcel Quinet, 네덜란드의 Ton de Leeuw교수를 사사하였다.

한국여성작곡가회를 창립하여 초대회장을 역임하고 이화여대 작곡과 교수, 동아음악 콩쿠르 심사위원, 한국음악협회 부이사장, 한국작곡가협회 부회장, 아시아작곡가연맹 한국위원회 회장 등을 역임하며 현대음악계의 거장으로서 영향력을 보였다.

현재 한국여성작곡가회 명예회장이자 대한민국예술원 회원으로 왕성하게 작품활동을 이어가고 있다.

작곡가 **이영자**

| 2024년《작곡가의 방》상반기 일정 | 03.28 이신우 | 04.25 이귀숙 | 05.23 김동명 | 06.27 박병오 |

매월 넷째 주 목요일 / 오후 5시 / 예술가의집 3층 다목적홀

작곡가 이영자 | 진행 이건용

작곡가 이영자

언니, 놀라워요!!!!!
_2024. 03. 04.

　제가 아직까지 알고 있는 사실 만으로도 감탄하며 살고 있었는데, '빈 악보를 물고 오는 불새'를 보고 이제야 숨어 있던 언니의 참모습을 보면서 치열하고 열정적이며 끝 모를 추진력으로 살아온 모습을 보면서 언니의 감탄스러운 삶에 한없는 갈채를 보냅니다!
　언니 너무도 놀라워서 말문이 다 닫혀버립니다.
　제가 춘 여중에 입학하여 보니 교문을 들어서니 정구장이 있더라고요. 강당 들어가기 전에요. 전 언니 오빠들이 치던 라켓 공을 찾아 등교 때마다 갖고 가서 선배 언니들 틈에 끼어서 정구를 쳤습니다. 방과 후에도 정구를 치다 보면 조각같이 우아하고 아름다운 선배님이 강당으로 들어가셔서 매우 궁금했습니다. 문을 조금 열고 들여다보면 언니는 피아노를 치곤 하였습니다.
　전 언니를 보고 싶어서 늘 남아서 정구장에서 언니를 기다리곤 하였습니다.
　친구 오정자에게 언니 얘기를 하니 자기 S 언니이며, 6학년 이영자 언니라고 알려주었습니다.
　한 학기 지나 2학년이 돼서 언니는 이대 피아노과에 입학하셨다는 소식을 듣고 언니 소식은 못 들었으나 나의 언니에 대한 로망은 끝이 없었습니다. 이화대학에 입학한 봄에 키 큰 개나리가 노랗게

편 음악관 앞에서 언니를 만나 즉시 한눈에 이영자 언니라고 알아챘습니다. 나 자신도 놀라운 기적이라고 생각했습니다. 언니께 말씀드렸습니다만 수줍은 제가 무슨 말씀을 드렸는지 생각이 안 납니다.

찬과 함께 언니를 만났을 때는 그렇게도 사모하던 언니를 다시 만나게 된 것이 내겐 축복이라고 생각했습니다. 제가 그렇게 사모하던 언니를 기적처럼 만나게 된 걸 감사하며 지냈습니다.

그동안 지내면서 언니께서 우리에게 주신 사랑, 보여주신 놀라움에 롤모델을 넘어서 평생 따라 살아야 할 내게 큰 선물이라 감사하며, 내게 보물처럼, 기적처럼 주신데 감사하며 살아왔는데 이 수필집을 읽으며, 내 손에 닿을 수 없는 이 세상의 역사에 남을 분이란 걸 깨달았습니다.

언니, 언니는 우리 역사에 길이 남는 그런 분이세요. 곁에서 바라보며 살아와서 감사합니다.

언니 고맙습니다.♡♡♡♡♡

임운경 올림

세계적인 작곡가
이 영 자 은사님,

오늘 명품강연 너무나 공부가 많이 되었습니다.

오늘 인터넷에 보니까 117세 여성(프랑스)인가 장수비결에 "공부" 하는 것이라고 하였습니다.

은사님 명품강의 덕분에 공부가 많이 되었습니다.

은사님도 장수하시기 바랍니다.

2024년 3월 7일.

제자: 박 준 상 박사

세상은 중력의……

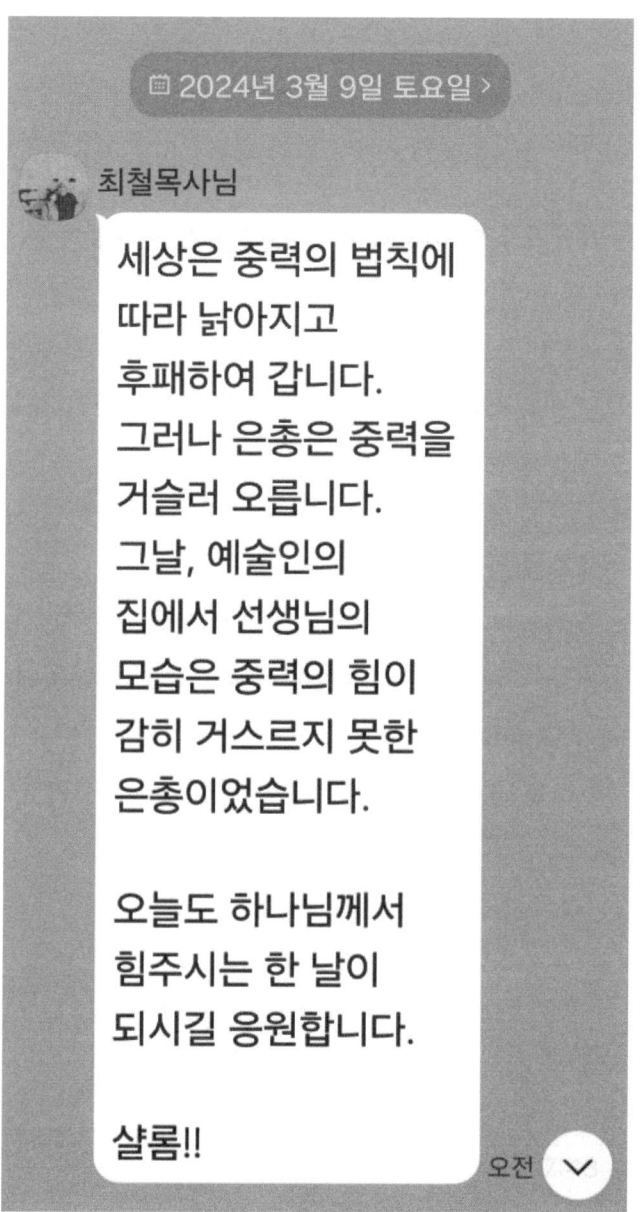

이건용 교수님
2024년 3월 9일 토요일

고마운 인사가 늦어 죄송합니다. 본래 제가 인사성이 좀 없는 사람이어서…….

그동안 너무너무 고마웠습니다. 렉쳐를 잘했는지 못 했는지…… 지나고 보니 아리송하지만, 선생님의 사랑으로 잘 넘어갔다고 자위하고…… 계속 분발하겠습니다.

늙으면…… 그 끝은 하늘나라인데 좀 더 있다가 좀 더…… 하면서 개똥밭에서 구르다가 가고 싶어

연필 자루 깎으며 마지막 기를 쓰고 있습니다.

연필 자루 놓으면 바로 붕 하늘로 뜰 것 같은 두려움에 슬퍼져서…… 제가 남성이라면……

야…… 모여라, 한 잔 하자…… 실컷 취해 보자…… 하고 싶은 마음입니다.

고맙습니다. 하늘만큼 땅만큼…….

94세 문지방 넘은 이영자

이영자 선생님

잘 쉬셨는지요. 엊그제 작곡가의 방은 감동과 웃음이 풍성한 자리였습니다.

오랜 연륜으로 삭일 것은 다 삭이고, 버릴 것은 다 버린 후의, 자유로운 정신에서 나오는 한마디 한마디에 객석이 감동하고 미소 짓고 하는 반응을 느낄 수 있었습니다.

그 자리에 왔던 제 독일 친구는 "자기는 한국말이 서투르지만 선생님의 열정과 처음에 연주했던 곡을 통해서 충분히 많은 것을 전달받았다"고 해요.

지금 나이가 얼마든 간에 쓰고 싶은 곡이 있고 계획을 갖고 계신다는 점에서 우리 후배 작곡가들 모두 겸손하게 배워야 한다고 생각하고 존경의 마음을 가집니다. 70여 년의 작곡 인생을 오롯이 담은 작품을 92세에 써내신 것에 우리 모두 경의를 표합니다. '아름다운 헌정'은 선생님께서 얼마든지 자랑하셔도 된다고 생각합니다.

축하드리며 앞으로 쓰실 작품도 멋지게 완성될 것을 기대하며 기다리겠습니다.

이건용

안녕하세요.

2024년 3월 23일 토요일

 류경선

언제 뵈어도 여성여성 느무 아름다우신 한혜리 선생님, 안녕하세요~?^^* 이 날 이영자 선생님의 강연은 평생 잊지못할 명강의였고 이영자 샘 곁에서 천사처럼 지켜주시는 제자분들의 모습은 정말 사랑으로 스승을 존경하고 따르는 제자분들의 모습이어서 넘 큰 귀감이었답니다. 사진 전달해주셔서 너무너무 감사드립니다~ 평안한 주말 되시어요~^^*

류경선 올림

MMS
오후 6:20

책을 맺으면서

  사람은 부모의 사랑 속에서 태어나 성장하며 스승의 가르침 속에서 삶의 방향과 형태를 배웁니다.
  배필을 만나는 일이나 진실한 친구를 만나는 이상으로 훌륭한 스승을 만나는 것도 삶에 큰 의미를 부여합니다.

  우리에게 오선 위에서의 만남을 시작으로 작곡가로, 교수로, 어머니로, 아내로, 며느리로 가는 어려운 여자의 길을 몸소 실천하시며 깨우쳐 주셨습니다.
  그러나
  선생님께서는 우리들 곁에 계신 시간만큼 지구의 또 다른 한쪽에서 고국을 그리셨습니다.
  우리들은…….
  대학 일학년 때는 떨리는 손으로, 졸업할 때는 소복이 쌓인 고민거리로, 엄마가 되어서는 푸념 섞인 넋두리로…….
  선생님은…….
  소쿠리에 가득 따끔한 채찍과 꾸지람을 담으시고 그 위에 뜨거운 열과 정과 사랑을 쌓아 보내주셨습니다.

그리고 40년이란 긴 세월 속에서 곱게 간직되어 온 수많은 이야기들을 여기 조심스레 풀어놓고자 함은 선생님이 우리에게 쏟아주신 크신 사랑을 이웃과 함께 나누어 더 풍요로워지고픈 소박한 바람에서입니다.

이 책에는 300통이 넘는 사랑 가득한 이야기가 담겨있습니다.
그 글들은 아무런 윤색이나 미화도, 덧붙임도 생략도 없이 서툰 모습 그대로를 옮긴 것입니다. 그곳에는 전혀 갈거나 닦이지 않은 원석의 순수함과 소박한 부끄러움이 있습니다.
이 속에서 우리는 선생님을 향한 모든 이의 따스한 사랑과 우리에 대한 선생님의 훈훈한 정을 느낍니다.
그리고 이 어려운 시기를 살고 있는 우리들의 삶의 방향에 보탬이 되어지기를 바랍니다.

긴 세월 동안 우리들의 순수한 꿈과 사랑이 담긴 촌스럽기 짝이 없는 글도 아닌 글을 간직해주신 선생님께 깊은 감사를 드립니다.
음악으로도 글로도 표현되지 않는 무한한 사랑과 존경의 마음을 이 작은 책과 더불어 선생님께 드립니다.

1991년 제자 일동 드림